COLLECTION
LECTURE FACILE

VIVRE EN FRANÇAIS

LA VIE POLITIQUE FRANÇAISE

ANTOINE ADELINE

Collection dirigée par
ISABELLE JAN

HACHETTE
58, rue Jean-Bleuzen
92170 Vanves

Crédits photographiques : .p. 9, © Lipnitzki-Viollet ; p. 11, Y. Layma / Explorer, haut et bas ; p. 15, haut : Bassignac-Turpin / Gamma ; bas : A. Borrel / Gamma ; p. 17 ; Daniel Mar / Explorer ; p. 27, de haut en bas : D. Goudouneix / Explorer, P. Vauthey / Sygma, B. Annabicque / Sygma, D. Goudouneix / Sygma ; p. 33, de haut en bas : Y. Morro / Sygma, A. Ribeiro / Gamma, F. Reglain / Gamma ; p. 41, haut : F. Reglain / Gamma, Deville-Simon / Gamma ; bas : A. Nogues / Sygma, Daniel Simon / Gamma ; p. 46, haut : Francolon-Aventurie / Gamma ; bas : A. Le Bot / Gamma ; p. 51, Gilles Bassignac / Gamma ; p. 54, Vioujard / Gamma ; p. 57, haut : Rault / Kipa, bas : Steff / Kipa ; p. 58, Voge-Liaison / Gamma.

Couverture : Agata Miziewicz.

Conception graphique : Agata Miziewicz. Photo : Jean-Pierre Amet / Sygma.

Composition et maquette : Joseph Dorly éditions.

Iconographie : Annie-Claude Medioni.

ISBN : 2-01-020465-4

© HACHETTE LIVRE 1994, 79, boulevard Saint-Germain, F 75006 Paris.

Sommaire

NOTE : les mots accompagnés d'un * dans le texte sont
expliqués dans « Mots et expressions », en page 77.

Repères

En France, comme dans la plupart des pays, les règles de la vie politique sont dans un texte écrit : une Constitution. La Constitution actuelle de la France a été adoptée le 4 octobre 1958. Comme c'est la Ve Constitution républicaine de la France, on dit qu'elle marque le début de la Ve République. Le nouveau régime reste fidèle aux valeurs et principes républicains traditionnels.

L'article 2 de la Constitution de 1958 dit :

La France est une République indivisible, laïque, démocratique et sociale. Elle assure l'égalité devant la loi de tous les citoyens, sans distinction d'origine, de race ou de religion. Elle respecte toutes les croyances. L'emblème national est le drapeau tricolore : bleu, blanc, rouge. L'hymne national est la Marseillaise. La devise de la République est « Liberté, Égalité, Fraternité ».

De 1789 à 1958, la France a cherché un régime à la fois démocratique et stable. D'une certaine façon, cet équilibre a été trouvé avec les institutions de 1958. Le régime républicain ne s'est imposé que progressivement. Entre les quatre premières Républiques (établies successivement en 1791, 1848, 1875 et 1946) le pays a connu de longues périodes d'autoritarisme*.

La Révolution de 1789 a entraîné des oppositions profondes dans la nation. Elle a créé une coupure, toujours présente chez les Français, entre deux tempéraments, deux familles, la droite et la gauche : la première plutôt conservatrice et attachée à l'ordre, la seconde plus favorable aux réformes égalitaires.

Cependant, le pays connaît depuis deux siècles une remarquable unité et continuité juridiques. La raison de cette continuité est certainement l'État. Le goût

.../...

des Français pour la politique est en effet lié à un amour de l'État et des institutions publiques.

Aujourd'hui, la Vᵉ République occupe du point de vue de la durée la seconde place dans l'histoire moderne de la France, après la IIIᵉ République qui a duré soixante-dix ans. Depuis sa naissance, elle a réussi à surmonter de nombreux obstacles : guerre d'Algérie, tentative de putsch* en 1961, crise sociale de 1968, alternances* de majorités politiques. Sa popularité est réelle. Le régime est bien enraciné. Comment est-il né ?

CHAPITRE 1

LA NAISSANCE DE LA Ve RÉPUBLIQUE

1946 : La France sort de la guerre. Tout est à reconstruire. La IVe République commence et, avec elle, une longue période de prospérité économique.

1958 : La France est au bord de la guerre civile. La IVe République s'effondre. De nouvelles institutions sont mises en place. La Ve République est née.

LA GUERRE D'ALGÉRIE

Que s'est-il passé ? Comment la IVe République a-t-elle pu disparaître aussi brutalement ? Malgré la prospérité économique, la période 1946-1958 constitue pour la France une période de grande instabilité politique. Le Parlement et les partis politiques sont tout-puissants. Les alliances* se nouent et se dénouent, pour des raisons que l'opinion publique ne comprend pas toujours très bien. Vingt et un gouvernements se succèdent de 1946 à 1958, soit un gouvernement tous les sept mois ! De plus, la IVe République est affaiblie par deux conflits coloniaux : la guerre d'Indochine (1946-1954), puis la guerre d'Algérie (1954-1962), qui entraînera la chute du régime.

La guerre d'Algérie divise les Français. D'un côté, ceux qui considèrent qu'il faut combattre à tout prix les nationalistes algériens du Front de libération nationale (FLN), de l'autre, les partisans d'une solution pacifique.

Le 13 mai 1958, après un mois de crise ministérielle, un gouvernement de coalition [1] gauche-droite arrive au

---

1. Coalition : alliance, union occasionnelle entre des personnes ou des partis qui ont habituellement des intérêts différents.

pouvoir. Les Européens d'Algérie, les pieds-noirs, sont partisans, dans leur large majorité, d'une Algérie française. Ils n'ont pas confiance dans ce gouvernement qu'ils soupçonnent de vouloir négocier avec le FLN. Ils se révoltent contre les hommes politiques de Paris. Le gouvernement général à Alger est attaqué. Un Comité de salut public est proclamé. La France est au bord de la guerre civile. Les institutions républicaines sont directement menacées. C'est alors que le général de Gaulle intervient.

Depuis 1947, celui qui fut pendant la guerre le chef de la France libre vit retiré dans un petit village de la Haute-Marne, Colombey-les-deux-Églises. Le 15 mai 1958, il fait savoir, par un communiqué, qu'il est «prêt à assurer les pouvoirs de la République». Le 19 mai, au cours d'une conférence de presse, un journaliste évoque la menace d'une dictature.

Le général répond par cette phrase devenue célèbre : «Croit-on qu'à soixante-sept ans je vais commencer une carrière de dictateur ?»

Le 28 mai, un grand défilé se déroule à Paris pour défendre la République et soutenir le gouvernement. Celui-ci, cependant, démissionne[1]. Le lendemain, le président de la République demande au «plus illustre des Français», le général de Gaulle, de former un nouveau gouvernement. Ce sera le dernier de la IVe République. Le 2 juin, le gouvernement du général de Gaulle reçoit les pleins pouvoirs pour six mois, avec pour mission de réformer[2] la Constitution. Officiellement, la IVe République continuera jusqu'à l'adoption de la nouvelle Constitution. Dans la pratique, le 2 juin 1958, elle avait cessé d'exister.

---

1. Démissionne : s'en va.
2. Réformer : refaire, améliorer.

Le général de Gaulle à Alger, le 4 juin 1958.

La nouvelle Constitution, appelée Constitution de la
Ve République, est élaborée très rapidement et soumise
à un référendum – c'est-à-dire à un vote direct des
citoyens. Le 28 septembre 1958, 85 % des Français par-
ticipent au vote. Elle est adoptée avec près de 80 % de
« oui ». C'est cette Constitution qui est toujours en vigueur
et qui règle la vie politique en France aujourd'hui.

CHAPITRE 2

LA CONSTITUTION DE LA Ve RÉPUBLIQUE

La Constitution de la Ve République forme le cadre de la vie politique française. Elle comporte les trois éléments de base du régime républicain et parlementaire, c'est-à-dire : un président de la République, un gouvernement et un Parlement. Pourtant, c'est un régime politique original, marqué par les idées de son fondateur, le général de Gaulle.

LE PRÉSIDENT DE LA RÉPUBLIQUE

Le président de la République a une influence très importante sur les affaires gouvernementales ; c'est lui qui choisit les grandes orientations politiques et économiques du pays.

Le président de la République habite au palais de l'Élysée à Paris. Son élection est l'événement le plus important de la vie politique française. Depuis 1962, il est élu pour une durée de sept ans au suffrage universel direct, c'est-à-dire par tous les citoyens. Ce mode d'élection et la durée de son mandat donnent une grande force à l'institution présidentielle. Les pouvoirs du Président lui donnent les moyens de mener une politique et de diriger le pays. François Mitterrand, qui a été élu en 1981 et réélu en 1988, est l'actuel président de la République. Son mandat s'achève en 1995.

Le rôle et les pouvoirs du Président

L'un des rôles politiques principaux du Président est de nommer le Premier ministre et, sur proposition de celui-ci, les autres membres du gouvernement.

Le palais de l'Élysée, à Paris.

François Mitterrand, dans son bureau, à l'Élysée.

Le Premier ministre est généralement un parlementaire choisi dans le parti majoritaire à l'Assemblée nationale. La plupart du temps, il est du même parti ou de la même tendance politique que le Président. Mais il arrive que le Président soit obligé de nommer un Premier ministre appartenant à une majorité nouvellement élue, qui lui est politiquement opposée; c'est ce qu'on appelle la cohabitation (autrement dit une coexistence entre les deux premiers personnages de l'État). C'est actuellement le cas entre François Mitterrand et Édouard Balladur. En période de cohabitation, c'est le Premier ministre qui gouverne. Sa légitimité* est forte. Le Président reste en retrait [1] et joue un rôle de «gardien» des institutions.

Outre la nomination du Premier ministre, le Président a d'autres pouvoirs importants. Il peut prononcer la dissolution* de l'Assemblée nationale. Il détient les pleins pouvoirs en cas de circonstances exceptionnelles (si le territoire est menacé ou envahi, ou si les institutions de la République sont en péril). Enfin, il est le chef des armées et, à ce titre, lui seul peut donner l'ordre d'utiliser l'arme nucléaire.

En cas de haute trahison, c'est-à-dire de crime mettant en cause l'intérêt supérieur de la nation, le Président est jugé par une Haute Cour de justice, composée de membres du Parlement.

LE GOUVERNEMENT

Le gouvernement comprend, d'une part, le Premier ministre, d'autre part, les ministres et les secrétaires d'État. Ce sont, le plus souvent, des hommes ou des femmes appartenant à un parti politique. Le premier gouvernement d'Édouard Balladur, composé en avril 1993, comprend vingt-huit ministres.

---

1. En retrait : à l'écart, dans l'ombre.

Le Conseil des ministres réunit le Premier ministre et les ministres sous la présidence du président de la République. Il se tient à l'Élysée, habituellement le mercredi. Il est suivi d'un communiqué à la presse.

Le gouvernement est responsable de sa politique devant l'Assemblée nationale, qui peut le renverser par un vote spécial appelé motion de censure ou encore en lui refusant la confiance[1]. Le Premier ministre doit alors remettre la démission de son gouvernement au président de la République. Ce dernier, qui n'est pas obligé de l'accepter, a alors le droit de dissoudre l'Assemblée nationale.

LE PARLEMENT

Le pouvoir législatif appartient au Parlement, constitué par deux assemblées : l'Assemblée nationale et le Sénat.

L'Assemblée nationale siège à Paris, au Palais-Bourbon. Elle comprend cinq cent soixante députés qui sont élus pour cinq ans au suffrage* universel direct. Les dernières élections législatives ont eu lieu les 21 et 28 mars 1993. La répartition des forces politiques en présence dans l'Assemblée actuelle peut être représentée ainsi :

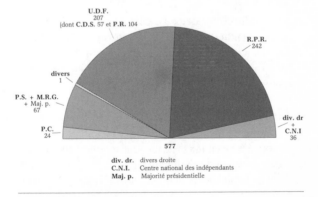

div. dr.	divers droite
C.N.I.	Centre national des indépendants
Maj. p.	Majorité présidentielle

---

1. Refuser la confiance : voter « non » quand le gouvernement demande à l'Assemblée d'approuver sa politique.

La coalition gouvernementale UDF-RPR détient quatre cent quarante-neuf sièges sur cinq cent soixante-dix-sept. C'est une majorité absolue écrasante, la plus forte depuis 1958.

Le Sénat, qui est aussi appelé la « Haute Assemblée », siège à Paris au palais du Luxembourg. Il comprend trois cent vingt et un sénateurs, qui représentent les collectivités territoriales* de la République. Les sénateurs sont élus pour neuf ans au suffrage universel indirect. Les dernières élections ont eu lieu en septembre 1992. Comme l'Assemblée nationale, le Sénat a actuellement une majorité de droite.

Le Parlement se réunit de plein droit chaque année en deux sessions* ordinaires (octobre-décembre et avril-juillet). Il peut aussi être convoqué en dehors de ces périodes, en sessions qui sont alors appelées extraordinaires. Dans chaque assemblée, des commissions permanentes étudient les textes de loi avant leur vote. Les parlementaires se constituent en groupes politiques. Il faut vingt députés d'un même parti pour former un groupe à l'Assemblée nationale. Il en faut quinze au Sénat.

Les séances des deux assemblées sont publiques. Le compte-rendu des débats est publié au Journal officiel. Les séances du mercredi après-midi sont télévisées et les députés posent des questions orales au gouvernement sur des sujets d'actualité.

Le rôle du Parlement

Pour l'essentiel, le Parlement :

– vote les lois (projets de loi du gouvernement, ou propositions de loi du Parlement) ;

– vote le budget de la nation (loi de finances) ;

– contrôle l'action du gouvernement par des questions orales ou écrites, et par de larges débats politiques.

Les députés réunis sur les bancs de l'Assemblée nationale.

Une séance au Sénat.

L'Assemblée nationale peut renverser le gouvernement en votant une motion de censure ou en refusant la confiance.

Aucun membre du Parlement ne peut être poursuivi, arrêté ou jugé à l'occasion des opinions ou votes exprimés par lui dans l'exercice de ses fonctions de député ou de sénateur.

Si le Parlement est une institution essentielle de la démocratie française, son pouvoir n'est pas absolu. Depuis 1958, le pouvoir législatif peut être contrôlé par le Conseil constitutionnel.

LE CONSEIL CONSTITUTIONNEL

En principe, son rôle n'est pas politique. C'est un organe de contrôle du bon fonctionnement des institutions comprenant neuf membres, nommés pour un mandat unique de neuf ans. Il est chargé de veiller au respect de la Constitution et au bon déroulement des élections. Depuis sa création en 1958, il a joué un rôle de plus en plus large. C'est aujourd'hui une autorité importante et respectée de la vie politique française.

Il faut mentionner également trois autres organes importants de contrôle et de consultation :

– Le Conseil d'État, composé de hauts fonctionnaires, a une double fonction : il est juge suprême [1] en matière administrative et le conseiller du gouvernement dans la rédaction de ses projets de lois et de décrets*.

– La Cour des comptes vérifie les comptes publics. Chaque année, elle publie un rapport qui signale les irrégularités ou les abus [2].

– Le Conseil économique et social a un rôle consultatif. Saisi par le gouvernement, il donne son avis sur les problèmes économiques et sociaux intéressant le pays.

---

1. Suprême : définitif et absolu.
2. Abus : exagération, excès.

Une réunion du conseil général des Deux-Sèvres, à Niort, dans l'Ouest de la France.

Mais les affaires publiques ne sont pas gérées [1] seulement par l'État. Les collectivités territoriales jouent un rôle important.

LA VIE POLITIQUE LOCALE : LES COLLECTIVITÉS TERRITORIALES

Au niveau local, il existe en France cinq grandes divisions administratives qui sont, de la plus grande à la plus petite : la région, le département, l'arrondissement, le canton, la commune.

Depuis les réformes de décentralisation, commencées en 1982 pour assurer une plus grande démocratie locale, les collectivités territoriales disposent de pouvoirs et de compétences [2] très larges. Elles sont plus proches que l'État des préoccupations quotidiennes des citoyens et constituent un lieu important de la vie politique.

---

1. Gérer : diriger, organiser.
2. Compétence : quand on utilise ses connaissances.

Les trois collectivités territoriales principales (commune, département et région) sont organisées selon un modèle comparable :

– une assemblée, élue au suffrage universel direct qui détient le pouvoir de décision,

– un organe exécutif élu par les membres de l'assemblée, chargé de mettre en œuvre les décisions prises.

Le maire qui administre la commune est aussi un représentant de l'État. C'est un personnage central de la vie publique locale. C'est souvent à leur mandat de maire que les élus sont le plus attachés.

L'équilibre entre le pouvoir de l'État et le pouvoir local constituera certainement l'un des enjeux politiques majeurs des prochaines années. Malgré les réformes récentes, le poids économique et politique de Paris et de la région parisienne est sans doute encore excessif.

Si les institutions constituent le cadre de la vie publique, les acteurs du jeu politique – leaders [1], partis – forment la « classe politique ».

---

1. Leader : chef (de l'anglais).

CHAPITRE 3

LA CLASSE POLITIQUE

LES PARTIS POLITIQUES

Le général de Gaulle reprochait aux partis politiques d'ignorer l'intérêt général et de nuire à l'unité de la nation. La Ve République a donc été créée en opposition à la trop grande puissance des partis. Elle reconnaît les partis politiques, définit leur rôle ainsi que leurs rapports avec le pouvoir.

Le rôle des partis politiques

D'une manière générale, les partis politiques permettent de former et d'informer les citoyens. Ils atténuent les passions politiques. En France, une coupure fondamentale existe entre deux grandes « familles » politiques, la droite et la gauche.

Un observateur de la vie politique française a dit : « Les Français ont le cœur à gauche et le portefeuille à droite. » Cette formule correspond sans doute à une réalité profonde.

La distinction politique droite-gauche est née en août-septembre 1791, pendant la Révolution française. Dans l'Assemblée nationale constituante, les partisans de la monarchie[1] se groupèrent à la droite du Président et les adversaires à sa gauche. La pratique s'est transmise au cours des siècles et s'est progressivement imposée comme une règle.

---

1. Monarchie : État gouverné par un roi, le monarque.

Cette distinction droite-gauche est aujourd'hui utilisée dans le monde entier. Elle marque une différence d'idées, de comportements, d'intérêts, face aux questions que pose la vie en société. En simplifiant, on peut dire que la droite groupe les conservateurs, partisans de l'ordre, de la liberté d'entreprise, et que la gauche regroupe les réformistes, attachés notamment à l'égalité, à la justice sociale.

On distingue donc aujourd'hui en France :

– les partis de gauche, constitués par le parti communiste (PC), le parti socialiste (PS), le Mouvement des radicaux de gauche (MRG), et, à l'extrême gauche, plusieurs petits partis gauchistes.

– les partis de droite, avec l'Union pour la démocratie française (UDF, elle-même composée de plusieurs partis) et le Rassemblement pour la République (RPR) : ces deux partis constituant la droite classique et parlementaire. Et puis, à l'extrême droite, le Front national (FN).

– les « Verts » (écologistes) préservent leur indépendance politique, mais ils sont plutôt réformistes.

Entre la droite et la gauche, y a-t-il place pour une force intermédiaire ? Certains, comme Valéry Giscard d'Estaing, pensent que la France doit être gouvernée au centre. Mais sous la Ve République, le centre n'a jamais représenté une force politique indépendante sérieuse. En effet, depuis 1958, les modes de scrutin* de type majoritaire et l'élection du président de la République au suffrage universel entraînent une forte bipolarisation, c'est-à-dire une séparation entre la droite et la gauche.

Les partis politiques ne permettent pas seulement l'expression de l'opinion, ils permettent aussi le choix et l'encadrement du personnel politique. Pour avoir des chances d'être élu, un candidat a besoin de l'investiture d'un parti, c'est-à-dire de son accord et de son appui.

Comme les campagnes électorales modernes coûtent très cher, il faut des structures puissantes pour réunir l'argent nécessaire. Les partis deviennent des machines à sélectionner des candidats avec des équipes efficaces.

Les partis de gauche

• Le parti communiste

Objectif : La conquête du pouvoir par les masses populaires et la transformation de la société capitaliste en une société socialiste, puis communiste, sans exploiteurs [1] ni exploités.

Ce parti « populaire et révolutionnaire » est né au Congrès de Tours (décembre 1920). Au-delà de l'engagement politique, il offre des idéaux [2] généreux à tous ses militants. Le parti communiste français est très hiérarchisé [3]. Il dispose d'un journal, *l'Humanité*.

Secrétaire général depuis 1972, Georges Marchais a annoncé en septembre 1993 son départ. Son successeur a été nommé lors du congrès du parti en janvier 1994 ; c'est Robert Hue.

Si, jusqu'en 1973, le parti communiste demeure avec 21,50 % des voix le premier parti de gauche, le nouveau parti socialiste, créé en 1971, va rapidement le concurrencer.

Depuis sa création jusqu'aux bouleversements survenus dans les pays de l'Est, le parti communiste français a défendu le modèle soviétique. Les adversaires du PCF l'ont toujours accusé d'être « la voix de Moscou ». Année après année, les communistes français se sont séparés du reste de la classe politique à cause de leurs positions

---

1. Exploiteur : celui qui profite du travail d'un autre, l'exploité.
2. Idéal : but très beau et difficile à atteindre.
3. Hiérarchisé : organisé comme une armée.

dogmatiques*. Sous la Ve République, le PCF décline. Il attire de moins en moins d'électeurs et perd son prestige auprès de beaucoup d'intellectuels qui lui reprochent la rigidité de son programme, l'absence de débat interne [1] et l'exclusion des militants qui ne sont pas d'accord avec la ligne politique de la direction.

• **Le parti socialiste**

Objectif : Engager le pays sur la voie de la démocratie sociale, par étapes, grâce à une politique réformiste.

Le parti socialiste est issu de la vieille Section française de l'internationale ouvrière (SFIO) de Jean Jaurès, puis de Léon Blum. En juin 1971, lors du Congrès d'Épinay, la SFIO se transforme en parti socialiste. François Mitterrand est élu premier secrétaire du nouveau parti.

Un style plus moderne et dynamique séduit l'opinion et attire une nouvelle génération de militants. Chacun peut ainsi s'exprimer librement grâce à l'existence de courants idéologiques différents. Les querelles [2] entre dirigeants existent pourtant. Depuis avril 1993, c'est Michel Rocard qui est secrétaire général du parti.

Pendant ses dix années de pouvoir, le parti socialiste a connu une transformation idéologique considérable. Peu à peu, le nécessaire respect des grands équilibres économiques a amené ses dirigeants à réviser leurs idéaux d'origine.

Des valeurs traditionnelles de droite – «l'entreprise», «le travail», «la compétitivité économique» – sont aujourd'hui reconnues par la majorité des cadres et des militants du parti. Ainsi, en dix ans, le parti socialiste français est passé du socialisme orthodoxe [3] «d'opposi-

---

1. Débat interne : discussion ouverte à l'intérieur d'un parti, entre les militants.
2. Querelles : disputes.
3. Orthodoxe : pur et dur, c'est-à-dire fidèle à la doctrine d'origine.

tion» au socialisme de «gestion»; il s'est transformé en parti social-démocrate. La priorité n'est plus de «changer» la société, mais de la gérer au mieux.

Cette évolution lui a d'abord profité électoralement; mais en 1993 le parti socialiste a perdu les élections et est redevenu un parti d'opposition. Son avenir politique est incertain. Beaucoup de militants ressentent une perte d'identité. L'électorat est perplexe devant le manque de clarté de certaines positions. Le parti socialiste traverse aujourd'hui une crise politique et morale sérieuse. L'avenir dira si Michel Rocard réussira à redonner confiance aux militants et finalement à reconquérir l'opinion.

Les partis de droite

• L'Union pour la démocratie française (UDF)
Objectif : Parvenir à une société libérale, de responsabilité et de solidarité.

L'Union pour la démocratie française, qui a été créée en 1978, rassemble un ensemble de partis se situant au centre droit : le parti républicain (PR), le Centre des démocrates sociaux (CDS), le parti radical dit «de la place de Valois», et le parti social-démocrate.

La droite républicaine et libérale française a une longue tradition d'inorganisation. À la différence des autres grandes formations politiques nationales, l'UDF n'a jamais constitué un vrai parti, dirigé par un chef. Il s'agit d'abord d'un rassemblement à but électoral.

La doctrine de l'UDF se trouve bien résumée dans *Démocratie française*, ouvrage publié par Valéry Giscard d'Estaing en 1976. Pour simplifier, on peut parler de libéralisme social : les vertus de l'économie libérale et du marché sont défendues, mais la solidarité est recherchée pour combattre les inégalités. Au plan extérieur, le parti est traditionnellement favorable à la construction européenne.

L'UDF a survécu à la défaite de Valéry Giscard d'Estaing en 1981. Pour un parti politique, c'est un test important. Mais en cessant d'être le parti du Président, l'UDF est devenue le parti de plusieurs «présidentiables» (candidats à la présidence). Les principaux leaders de l'UDF – Valéry Giscard d'Estaing, Raymond Barre, François Léotard, Pierre Méhaignerie, Simone Veil, etc. – ont des personnalités et des lignes politiques souvent différentes. Centristes modérés et ultra-libéraux s'entendent parfois difficilement.

Depuis l'alternance de 1993 et la participation de l'UDF dans un gouvernement d'union avec le RPR, les risques de division existent. L'approche des élections présidentielles de 1995 réveillera certainement les ambitions personnelles. Mais la force et l'avenir de l'UDF seront, peut-être, assurés par la diversité et la souplesse d'organisation de ce parti.

• Le Rassemblement pour la République (RPR)

Objectif : Dans la tradition du général de Gaulle, rassembler le peuple français par l'extension des libertés et une politique économique volontariste.

Le Rassemblement pour la République (RPR), créé par Jacques Chirac en décembre 1976, est l'héritier des partis gaullistes et défend les idées du général de Gaulle : indépendance nationale en matière économique et militaire, méfiance traditionnelle vis-à-vis de l'Europe politique. Toutefois, depuis quelques années, le RPR est davantage favorable à l'idée européenne, et son programme économique est plus libéral.

Cette formation composée d'élus et de militants organisés n'est pas un parti de notables* comme l'UDF. Il a des militants nombreux et actifs. Le RPR veut s'identifier à la nation.

Contrairement à l'UDF, le RPR est un parti très structuré, et directement organisé au service de son leader, Jacques Chirac. Les statuts du RPR donnent à son président des pouvoirs de direction importants.

À la suite des élections législatives de mars 1993, le président de la République a désigné un Premier ministre membre du RPR : Édouard Balladur.

À terme, toutefois, le RPR et l'UDF devront peut-être faire un choix difficile : garder leurs spécificités et leurs traditions ou accepter de former ensemble un grand parti conservateur, plus puissant et susceptible de s'intégrer dans le cadre européen, mais avec le risque de perdre leurs identités respectives.

Les partis non représentés

Ce sont des partis qui, actuellement, ne sont présents ni au gouvernement, ni au Parlement.

• Le Front national

Objectif : Développer une politique nationaliste et patriotique, fondée sur la préférence nationale et une grande fermeté en matière d'immigration.

Le Front national, qui se situe à l'extrême droite sur l'échiquier politique, a été créé en 1972. Idéologiquement, il reprend les idées et les thèmes de la tradition ultra-nationaliste et patriotique : défense de l'identité nationale et des valeurs morales traditionnelles. En matière économique, il est partisan d'un libéralisme total. Le Front national, utilisant un discours agressif[1] et souvent démagogique*, insiste notamment sur les difficultés dans la vie quotidienne des Français ; en particulier le chômage et l'insécurité dont il rend responsables les immigrés.

---

1. Agressif : qui attaque avec violence.

Le parti, très centralisé, est fermement dirigé par un président inamovible [1], Jean-Marie Le Pen. Le Front national regroupe à la fois des électeurs mécontents, parfois déçus par les partis traditionnels, et une clientèle plus traditionaliste, fidèle aux idées d'extrême droite.

Ce n'est qu'à partir de 1984 que le Front national s'est implanté dans le paysage politique français.

Depuis plusieurs années, les succès électoraux du Front national posent un problème à l'ensemble de la classe politique. La droite parlementaire comme la gauche condamnent son programme mais cherchent à récupérer ses électeurs. Pour cela, avant chaque élection, de nombreux leaders parlent beaucoup des questions concernant l'immigration ou l'insécurité.

Ses adversaires reprochent au Front national d'être un parti de type fasciste, mettant en danger les libertés individuelles fondamentales et donnant une image réactionnaire de la France.

L'avenir du Front national est incertain. D'une part, son unité et sa force reposent sur un seul homme, son leader, parfois vulgaire et violent dans son discours. D'autre part, son électorat, composé essentiellement de mécontents, n'est pas stable.

• Les « Verts » (écologistes)

Objectif : Mettre en œuvre un projet de société écologiste.

Si l'écologie s'intéresse d'abord à la protection du milieu naturel et de l'environnement, c'est aussi une idéologie qui défend des valeurs non matérialistes : la réduction du temps de travail, l'amélioration de la qualité de la vie...

Historiquement, les écologistes forment plus un courant politique qu'un parti. C'est aux élections euro-

---

1. Inamovible : qu'on ne peut pas changer, ou remplacer.

Les affiches électorales : à chaque parti, son identité.

27

péennes de 1989 que les «Verts» ont obtenu un premier succès national avec plus de 10 % des voix.

Aujourd'hui, les écologistes sont pris au sérieux. Malgré leur échec relatif aux élections législatives de 1993, ils peuvent représenter une force électorale capable de concurrencer les partis traditionnels et notamment le parti socialiste. En effet, le vote écologiste est très répandu chez les électeurs sensibles à l'environnement et déçus par la gauche «classique».

De façon plus générale, les écologistes sont un peu victimes de leur succès. L'écologie est un thème électoral de plus en plus populaire. Aujourd'hui tous les partis lui accordent une place. L'écologie séduit les électeurs, mais son avenir politique n'est pas assuré. Tout d'abord, le vote écologiste est difficile à interpréter : vote progressiste ? vote centriste ? vote de refus ? De plus, des querelles de personnes et de programmes rendent difficile l'unité du mouvement.

Certains écologistes défendent l'autonomie du mouvement, d'autres sont pour des alliances électorales, avec le parti socialiste. Enfin, l'électorat écologiste est changeant, lui aussi.

L'ÉVOLUTION DES FORCES POLITIQUES

En 1958, pour la première fois depuis 1945, la gauche est très minoritaire dans l'opinion publique et totalement exclue [1] du gouvernement. Les gaullistes dominent le groupe conservateur jusqu'en 1969. Après le départ du général de Gaulle, les centristes et la droite dite libérale se renforcent. Par ailleurs, les différences idéologiques entre les différents partis conservateurs diminuent.

L'équilibre des forces jusqu'en 1973 est d'environ 45 % pour la gauche contre 55 % pour la droite. À partir de

---

1. Exclu(e) : mis(e) en dehors de, écarté(e) de.

l'élection présidentielle de 1974, les rapports se rééqui-librent. En 1981, la gauche l'emporte aux élections pré-sidentielles et obtient aux élections législatives un score exceptionnel de 55,60 %.

Plusieurs raisons expliquent cette renaissance de la gauche : la lassitude des électeurs à l'égard de la droite, au pouvoir depuis vingt-trois ans, le rajeunissement du corps électoral, l'accroissement de nouvelles classes moyennes de salariés et de fonctionnaires (plutôt favo-rables à la gauche), l'urbanisation [1] et la déchristianisa-tion [2] de la population ou encore la crise de mai 1968 (voir p. 67) qui a introduit de nouvelles valeurs.

Victorieuse en 1981, la gauche connaît à partir de 1989 un déclin durable. Le parti communiste s'installe dans une série de défaites électorales, aggravées par une crise de confiance de ses militants et l'effondrement de l'Union soviétique. De son côté, le parti socialiste mène une poli-tique « réaliste » plutôt modérée que son électorat com-prend mal. Certes François Mitterrand est réélu en 1988, mais le parti s'effondre aux élections législatives de 1993, usé* par dix années de gouvernement. Gênée par sa défaite aux élections présidentielles de 1988 et par le succès électoral de l'extrême droite, la droite a finale-ment retrouvé le chemin du pouvoir en 1993.

La mauvaise image des partis

On peut dire que les Français aiment leurs partis poli-tiques et qu'en même temps ils s'en méfient. Depuis 1958, les partis politiques ne sont plus les seuls repré-sentants de l'opinion publique. Ils sont concurrencés non seulement par le président de la République élu directement par le peuple, mais aussi par les médias et les groupes de pression.

---

1. Urbanisation : de *urbain*, qui vit dans les villes.
2. Déchristianisation : perte des valeurs chrétiennes.

Les partis politiques français sont nombreux, mais de taille réduite par rapport aux grands partis européens. Ils paraissent souvent trop centralisés, et même « parisiens » ; de plus leurs militants sont plutôt moins actifs qu'autrefois.

La vie politique française souffre ainsi de deux maladies, auxquelles correspondent deux expressions négatives, très souvent utilisées : la « politique politicienne », et la « langue de bois ».

La « politique politicienne » est un défaut de la classe politique, qui, trop souvent, s'intéresse plus aux questions de luttes entre les personnes ou aux moyens de conserver le pouvoir qu'aux véritables problèmes des Français. La « langue de bois » est l'expression utilisée pour dénoncer le vide et les mensonges de certains discours politiques qui ne contiennent aucun message précis, mais seulement des formules toutes faites ou des phrases creuses, c'est-à-dire sans signification. Par exemple : « Il faut rendre la parole aux citoyens » ou encore « L'égalité commence par une meilleure répartition des richesses. »

Mais le problème le plus récent rencontré par les partis est celui de leur financement. Le coût d'une campagne politique est de plus en plus élevé à cause de l'utilisation obligée de la publicité : affiches, télévision, radio, meetings... Cela peut conduire les partis à utiliser des financements secrets et illégaux.

Une loi de 1988 sur le financement des partis politiques n'a pas résolu tous les problèmes et, depuis 1989, plusieurs scandales politico-financiers ont éclaté. Une loi d'amnistie votée par l'Assemblée en décembre 1989 a permis de faire cesser des poursuites judiciaires contre des parlementaires. Elle a été mal comprise par l'opinion publique. La répétition de ces « affaires » donne une mauvaise image de la classe politique et, plus gravement encore, de la politique elle-même.

LES HOMMES POLITIQUES

Jusqu'en 1958, les hommes politiques français sont, dans leur grande majorité, des notables. D'une manière générale, les élus sont issus de la bourgeoisie d'affaires, des professions libérales, parfois de la fonction publique.

Une formation d'élites

Sous la Ve République, la classe politique a profondément changé. La création d'une École nationale d'administration (ÉNA) en 1946 va progressivement aboutir à la formation d'une élite* à la tête d'un nouveau pouvoir politico-administratif. La plupart des responsables politiques français ont été formés dans les mêmes établissements sélectifs et prestigieux : École normale supérieure (Normale sup), École polytechnique (l'X), ou École centrale. Beaucoup sont passés par l'ÉNA, généralement après l'Institut d'études politiques de Paris (Sciences po). Cette formation commune assure la solidarité de hauts fonctionnaires compétents mais souvent coupés des réalités et de la société civile*.

Ce système conduit des jeunes formés dans les grandes écoles aux grands corps administratifs de l'État, puis à des postes de haute responsabilité politique. Aussi, depuis 1958, les postes de direction dans les partis politiques, à l'exception du parti communiste, ont été envahis par les anciens élèves de l'ÉNA, les « énarques ». On leur reproche souvent de former une caste[1] technocratique* qui monopolise[2] le pouvoir.

Cependant, tous les hommes politiques ne sortent pas de l'ÉNA. L'Assemblée nationale élue en 1981, à majorité socialiste, comptait de nombreux enseignants. Tra-

---

1. Caste : qui groupe des personnes de la même origine.
2. Monopoliser : garder sans partager.

ditionnellement ceux-ci ont toujours eu une influence importante au sein des partis de gauche, comme élus, cadres ou militants de base.

Le cas des élus communistes est particulier. Ce sont des militants formés par le parti, dans des écoles ou des universités internes. Ils sont majoritairement issus de la classe ouvrière.

Une autre caractéristique étonnante des hommes politiques français, outre leur formation, est leur « intellectualisme ». La plupart des leaders politiques nationaux, à l'image du général de Gaulle ou de François Mitterrand, ont publié des livres. Il s'agit tantôt de « mémoires » ou de « souvenirs », tantôt d'ouvrages d'économie politique, ou même d'œuvres purement littéraires.

Il faut compléter ces remarques sur le monde politique en s'interrogeant sur la place réservée à une catégorie représentant 53 % du corps électoral : les femmes. Malgré une évolution lente et progressive, les femmes ayant des mandats d'élus ou exerçant des responsabilités politiques sont encore peu nombreuses. L'Assemblée nationale n'a que trente-quatre femmes sur cinq cent soixante-dix-sept députés, soit 6 %, et elles ne sont que onze au Sénat, soit 3,4 % de l'ensemble des sénateurs.

Malgré la volonté des responsables politiques, notamment Valéry Giscard d'Estaing et François Mitterrand, qui a été le premier Président à désigner une femme au poste de Premier ministre (Édith Cresson, en mai 1991), le monde politique reste un univers masculin. Quelques personnalités sont connues : Simone Veil, ministre de la Santé en 1974 et aujourd'hui ministre des Affaires sociales, de la Santé et de la Ville, dans le gouvernement Balladur, ou Françoise Giroud, ministre de la Condition féminine en 1974. Elles ne peuvent faire oublier la situation générale : en France, comme dans beaucoup de pays, les femmes politiques sont très minoritaires.

Édith Cresson,
première femme
à occuper
la fonction
de Premier ministre.

Simone Veil,
l'actuel ministre
Affaires sociales,
de la Santé
et de la Ville.

Marie-Christine Blandin, présidente
de la région Nord-Pas-de-Calais.

François Mitterrand

Né le 26 octobre 1916 dans une famille «où l'on respecte l'Église, la République et la patrie», François Mitterrand est d'abord avocat avant de se lancer dans la politique. Sous la IVe République, il sera secrétaire d'État ou ministre dans onze gouvernements. En 1958, François Mitterrand est hostile au retour du général de Gaulle et s'oppose à la Constitution de la Ve République.

Candidat de la gauche unie à l'élection présidentielle de 1965, il met le général de Gaulle en ballottage* et obtient 45 % des voix. Face au «plus illustre des Français», c'est un succès.

En 1971, au Congrès d'Épinay, il crée le nouveau parti socialiste, dont il devient le premier secrétaire. Battu de peu lors des élections présidentielles de 1974, il prend sa revanche sur Valéry Giscard d'Estaing en 1981. Il est élu président de la République avec 51,7 % des voix. Il sera largement réélu en 1988 contre Jacques Chirac.

Après plus de dix ans à la tête de l'État et plus de quarante ans de vie politique, François Mitterrand est un homme de grande expérience. C'est un stratège* politique reconnu. Comme tous les vrais hommes politiques, François Mitterrand est un opportuniste*. Pendant les années 60, il voyait dans la Ve République «un coup d'État permanent» (c'est-à-dire un régime sans légitimité) ; en 1993, il bat le record de longévité des présidents de la République... C'est aussi un «communicateur» qui a appris à se servir de la télévision.

En douze ans, l'image du Président s'est progressivement modifiée. Le candidat Mitterrand de 1981 a adouci son image de socialiste, représentant du «peuple de gauche», en utilisant le slogan «la force tranquille». Lors de sa réélection de 1988, il saura utiliser le surnom sympathique et rassurant de « Tonton »[1] qui lui a été donné par certains journalistes. À partir de 1991 la popularité du Président baisse beaucoup, parallèlement à celle du parti socialiste. La seconde cohabitation, commencée en avril 1993, lui permettra-t-elle de cultiver une image plus gaullienne d'arbitre impartial et de regagner la confiance des Français ? Une chose est sûre, la carrière de François Mitterrand, qui aura soixante-dix-neuf ans à la fin de son second mandat présidentiel, se termine.

François Mitterrand n'est pas seulement un homme politique. C'est un homme cultivé qui a publié plusieurs livres : un pamphlet[2] contre le général de Gaulle, *le Coup d'État permanent* (1964), et plusieurs livres de réflexion, *la Paille et le Grain* (1974), *Ici et Maintenant* (1980).

Édouard Balladur

Édouard Balladur est né en 1929. Ancien élève de l'ÉNA, il est membre du Conseil d'État avant de devenir conseiller technique de Georges Pompidou.

Après un passage de plusieurs années dans le secteur privé, il est élu député RPR de Paris en mars 1986. C'est un proche conseiller de Jacques Chirac. De 1986 à 1988, il occupe le poste important de ministre de l'Économie et des Finances. En mars 1993, après la victoire de la coalition UDF-RPR aux élections législatives, François Mitterrand le choisit comme Premier ministre « de cohabitation ».

Édouard Balladur est un libéral convaincu, partisan de la rigueur économique et financière. C'est également un homme politique d'expérience. Plus de dix mois après

---

1. Tonton : diminutif affectueux qu'utilisent les enfants pour appeler leur oncle.
2. Pamphlet : ouvrage critique généralement court qui attaque une situation ou une personne.

son arrivée à l'hôtel Matignon[1] sa popularité est toujours réelle. Son intelligence politique et le ton à la fois résolu et modéré de son discours lui donnent un style d'homme d'État.

Le Premier ministre aura certainement besoin de cette image consensuelle* pour surmonter les pièges politiques qu'il rencontrera à l'approche des prochaines élections présidentielles de 1995 : risques de récession* économique prolongée, d'usure du pouvoir et de désunion de l'UDF et du RPR. Par ailleurs, sa popularité pourrait gêner les ambitions présidentielles du leader de son propre parti, Jacques Chirac... À moins qu'elle ne donne au Premier ministre l'idée de tenter sa chance au poste suprême !

Jacques Chirac

Né à Paris en 1932, ancien élève de l'ÉNA, Jacques Chirac est élu député gaulliste de la Corrèze en 1967 et devient ministre chargé des relations avec le Parlement. En 1976, il transforme le vieux parti gaulliste en Rassemblement pour la République (RPR), dont il devient le président. Il est élu maire de Paris en 1977. En 1981, au deuxième tour de l'élection présidentielle, il n'accorde son soutien à Valéry Giscard d'Estaing « qu'à titre personnel », c'est-à-dire sans demander à son parti de venir le soutenir. Il contribue ainsi, de fait, à la victoire de François Mitterrand.

Après la victoire de la droite aux élections législatives de 1986, il est nommé Premier ministre par le président de la République. La cohabitation forcée entre les deux hommes sera difficile. Elle durera deux ans. Lors des élections présidentielles de 1988, grâce à une campagne dynamique et à un parti très organisé, il arrive en tête des candidats de droite, au premier tour. Au deuxième

---

1. Hôtel Matignon : demeure du Premier ministre.

tour, il affronte le Président sortant, François Mitterrand et il est nettement battu. Cette défaite le touche durement. Après le nouveau changement de majorité en mars 1993, Jacques Chirac laisse à son ancien ministre des Finances, Édouard Balladur, la responsabilité de la seconde cohabitation.

Jacques Chirac est un «battant», un «fonceur». C'est aussi un ambitieux qui fait passer sa carrière avant tout. Grand, sec, nerveux, à la fois sensible et charmeur, sa personnalité est parfois déroutante. L'homme politique s'est construit une image de technocrate dynamique et froid. Or ses proches affirment qu'en privé, l'homme est détendu et plein d'humour.

Le président du RPR est encore jeune. Saura-t-il tirer les leçons de ses échecs? Président du RPR, Jacques Chirac réussit jusqu'à présent avec succès à faire de son parti la première formation nationale. Candidat officieux[1] à la présidence de la République, Jacques Chirac attend avec impatience les élections de 1995. L'histoire de la Ve République montre que des défaites passées n'empêchent pas d'arriver un jour au sommet de l'État...

Georges Marchais

Né en 1920 dans une famille ouvrière, Georges Marchais adhère au parti communiste en 1947. En 1972, il est élu secrétaire général du bureau politique. Cette année-là, Georges Marchais signe, au nom de son parti, un programme commun de gouvernement avec le parti socialiste. Cette union sera rompue en 1978. Les échecs électoraux successifs du parti communiste depuis quinze ans ont fini par placer son leader dans une situation difficile.

---

1. Officieux : qui n'est pas officiel.

Georges Marchais est à la fois l'un des hommes politiques les plus connus et les plus impopulaires de France. C'est un leader dont l'énergie est incontestable, mais souvent maladroite. En 1979, il a jugé que le bilan des pays socialistes était « globalement positif ». La formule fut jugée malheureuse par beaucoup. À la tête du parti communiste pendant plus de vingt ans, Georges Marchais symbolise la défense d'une ligne politique dure, stalinienne.

Conscient de sa forte personnalité, Georges Marchais a sans doute trop voulu en jouer. Il s'est progressivement trouvé prisonnier d'un rôle caricatural [1] auprès des médias. Son image et celle de son parti en ont beaucoup souffert. Georges Marchais a quitté la direction du parti communiste en janvier 1993. Son successeur, Robert Hue est peu connu du grand public. Malgré des promesses de plus grande démocratie interne et la reconnaissance de certaines erreurs passées, le nouveau secrétaire général n'a pas vraiment modifié la ligne politique de son prédécesseur, dont la personnalité influence encore le parti.

Valéry Giscard d'Estaing

Valéry Giscard d'Estaing est né en 1926 dans une famille de la haute bourgeoisie d'origine auvergnate. Polytechnicien, ancien élève de l'École nationale d'administration, Valéry Giscard d'Estaing est élu député en 1954. En 1962, il devient ministre des finances et crée le groupe des « Républicains indépendants », allié à la majorité gaulliste. En 1969, il défend mollement le référendum et contribue ainsi à la défaite du général de Gaulle. Sa stratégie de conquête du pouvoir par le centre

---

1. Caricatural : de caricature, dessin humoristique qui accentue les traits.

triomphe finalement en 1974. Il bat François Mitterrand au deuxième tour de l'élection présidentielle, avec 50,80 % des voix.

Jeune et moderne, le Président commence son septennat par des réformes, notamment sociales : majorité à dix-huit ans, légalisation de l'avortement, réforme du divorce... Il représente alors une France centriste, libérale et européenne. Progressivement, durant son mandat, l'image du Président va évoluer. Le Français moyen et la presse de gauche lui reprochent notamment son caractère hautain[1] et son manque de simplicité. Affaibli par les difficultés économiques et l'usure du pouvoir, mal soutenu par les gaullistes, il sera battu, lors de l'élection présidentielle de 1981, par François Mitterrand.

Valéry Giscard d'Estaing a la réputation d'un homme compétent qui connaît ses dossiers et sait communiquer. Ses analyses politiques sont respectées. Depuis sa défaite de 1981 et son retour politique réussi lors des élections européennes de 1988, « VGE », comme il est parfois surnommé, a publié ses *Mémoires*. L'ancien Président a mûri et semble avoir trouvé une nouvelle ambition politique nationale mais aussi européenne. Si les circonstances lui sont favorables, Valéry Giscard d'Estaing peut encore espérer représenter la droite au deuxième tour des élections présidentielles de 1995. Mais pourra-t-il franchir tous les obstacles ?

Jean-Marie Le Pen

Issu d'un milieu populaire, Jean-Marie Le Pen est né en 1928. Il est élu député poujadiste (mouvement populiste) en 1956 et milite pour le candidat royaliste aux élections présidentielles de 1965. En octobre 1972, il crée un parti d'extrême droite, le Front national. D'abord,

---

1. Hautain : orgueilleux.

ses résultats électoraux sont presque nuls. Lors de l'élection présidentielle de mai 1974, Jean-Marie Le Pen n'obtient que 0,74 % des suffrages. Mais, à partir des élections européennes de 1984, le parti de Jean-Marie Le Pen s'implante durablement dans le paysage politique français. Son leader peut démontrer à la télévision ses qualités d'orateur. Lors des élections présidentielles de 1988, il recueille 14,39 % des voix. C'est un succès personnel qu'il espère confirmer en 1995.

Jean-Marie Le Pen est un militant d'extrême droite convaincu. Il se présente comme le défenseur de la morale et des valeurs de l'occident chrétien. C'est un excellent orateur.

Régulièrement, ses prises de position contre les immigrés ou certaines personnalités progressistes entraînent des polémiques* dans la classe politique ou dans la presse. Les thèmes souvent démagogiques de son parti et sa forte personnalité le placent sur le devant de la scène politique depuis dix ans. Mais ses excès de langage, ses analyses douteuses et son autoritarisme inquiètent une majorité des Français et provoquent des réactions de rejet.

Michel Rocard

Fils d'un scientifique renommé, Michel Rocard est né en 1930. Ancien élève de l'École nationale d'administration, il contribue en 1960 à la création du parti socialiste unifié (PSU), de tendance gauchiste. En 1969, au terme d'une campagne fondée sur les thèmes de la révolte de mai 1968, il ne recueille que 3,60 % des voix. Il rejoint le parti socialiste en 1974.

La culture économique de Michel Rocard et sa défense de l'économie de marché le placent plutôt parmi les modérés du parti socialiste. Par ailleurs, son intelligence et sa force de conviction en ont rapidement fait un rival de François Mitterrand.

Édouard Balladur

Jacques Delors

Jacques Chirac

Michel Rocard

Occupant divers postes ministériels sous le premier septennat de François Mitterrand, il est Premier ministre de mai 1988 à mai 1991. C'est un partisan du « parler vrai », c'est-à-dire d'un discours public réaliste et non démagogique. Lors des élections législatives de 1993, il perd son siège de député. En avril de la même année il devient secrétaire général d'un parti socialiste en crise, à la place de Laurent Fabius.

La popularité de Michel Rocard, sa fidélité à des idées modérées et modernes, la cohérence de son combat politique séduisent la droite centriste. Mais cette ligne politique mécontente de nombreux membres de son parti. C'est un prétendant sérieux à la fonction présidentielle pour 1995. Homme de réflexion, il a développé ses idées dans plusieurs ouvrages d'économie politique, *l'Inflation au cœur* (1975), *Parler vrai* (1979).

Jacques Delors

Jacques Delors est né en 1925. Haut fonctionnaire, sa sensibilité de chrétien de gauche le pousse à faire du syndicalisme. En 1969, il entre au cabinet de Jacques Chaban-Delmas, où il participe au programme réformiste pour la construction d'une « nouvelle société ». Il rejoint le parti socialiste en 1974. En 1981, il est nommé ministre des Finances dans le gouvernement socialiste de Pierre Mauroy et acquiert alors une réputation de gestionnaire respectueux des grands équilibres économiques.

Partisan convaincu de la construction de l'Europe, Jacques Delors est président de la Commission des communautés européennes. C'est un homme politique populaire, qui a la confiance des milieux économiques. Cela pourrait l'amener dans les prochaines années à jouer un rôle politique de premier plan. Il devra alors choisir entre son rôle de défenseur de la construction européenne et un destin politique national.

CHAPITRE 4

LES FRANÇAIS ET LA POLITIQUE

En simplifiant, on peut dire que le comportement politique des Français se définit par trois caractères fondamentaux : l'individualisme, le goût de l'État, l'absence de consensus* social. Les Français aiment la contestation et ont tendance à rejeter l'autorité publique. Beaucoup d'électeurs et d'élus acceptent mal la discipline des grands partis politiques modernes. D'un autre côté, malgré leur méfiance à l'égard du pouvoir, les Français attendent de l'État des aides et une protection.

L'EXPRESSION DE L'OPINION

Le citoyen et la vie politique

Sont électeurs (peuvent voter) les Français âgés de dix-huit ans qui se sont fait inscrire sur les listes électorales et qui ne sont frappés d'aucune incapacité* électorale.

Sont éligibles (peuvent être élus), les Français qui jouissent de leurs droits civiques et politiques. L'âge minimum pour être candidat varie de dix-huit ans à trente-cinq ans suivant les types d'élections.

Les scrutins ont toujours lieu le dimanche. Dans le cadre d'une élection à deux tours, lorsqu'un candidat n'obtient pas la majorité absolue au premier tour (c'est-à-dire plus de la moitié des suffrages exprimés), on dit qu'il est en ballottage avec les autres candidats les mieux placés. Un second tour doit avoir lieu, généralement sept ou quatorze jours plus tard. La majorité relative suffit alors pour être élu.

De 1958 jusqu'au milieu des années 80, le taux de participation aux différents scrutins a varié entre 70 et 80 % et, donc, le taux d'abstention* a varié entre 20 et 30 %.

Ces dernières années, le nombre des abstentionnistes a sensiblement augmenté. Il a dépassé 50 % lors des élections cantonales de 1988 et européennes de 1989. Les électeurs se sont davantage mobilisés lors des élections législatives de mars 1993. Mais 30 % reste un taux d'abstention relativement élevé pour un scrutin à fort enjeu politique.

D'une façon générale, le taux d'abstention est toujours plus élevé aux élections locales (municipales, cantonales, régionales). Les élections législatives et présidentielles, dont les enjeux politiques sont plus évidents, mobilisent davantage les Français.

Ces chiffres indiquent un certain malaise des électeurs. En ne votant pas, l'électeur exprime son désintérêt pour la vie politique ou son opposition aux partis. Plusieurs raisons à cela : la répétition d'un grand nombre d'élections en quelques mois (ainsi en 1988-1989), certains scandales politico-financiers récents et la disparition, au moins apparente, des grands enjeux de société ont démobilisé des électeurs.

D'une manière générale, les Français votent différemment selon leur sexe, leur religion et leur âge. Dans la période récente, l'entrée dans la vie professionnelle a rapproché le comportement électoral des Françaises du comportement des Français, mais les premières restent plus opposées aux partis « extrémistes ».

Par ailleurs, l'engagement politique des Français est souvent lié à leur engagement religieux. Généralement, le « vote religieux » est plutôt modéré. Enfin, en France comme ailleurs, le vote conservateur s'accroît avec le vieillissement et le vote des jeunes est très instable.

Si les Français ont souvent du mal à se situer par rapport aux partis, les oppositions politiques n'ont pas disparu. L'électeur se reconnaît toujours dans la distinction de base « gauche-droite ».

Pendant cent cinquante ans, les Français se sont divisés sur de grandes questions telles que la Révolution de 1789, l'armée, le capitalisme, la place de l'Église dans l'éducation... Aujourd'hui, les désaccords sociaux sont moins profonds, mais les Français s'opposent toujours sur des sujets importants comme les priorités économiques, la protection sociale, l'immigration ou encore l'école laïque et privée.

La laïcité, c'est-à-dire la séparation de l'Église et de l'État, est une caractéristique originale de la société française qui s'est définitivement imposée au début du siècle. Elle entraîne encore des débats et des conflits en matière d'éducation, entre les partisans de l'école publique (laïque) et ceux de l'école privée (souvent religieuse).

En plus de leurs oppositions culturelles, morales et religieuses, les Français sont divisés sur le rôle de l'État en matière économique. Les libéraux sont opposés à l'intervention de l'État dans ce domaine, alors que, traditionnellement, les socialistes et surtout les communistes y sont favorables.

Mais depuis une dizaine d'années, ces oppositions ne prennent plus la forme d'une « guerre civile » ou d'un combat idéologique. Un consensus existe désormais sur des valeurs sociales, libérales et démocratiques de base. Une large majorité souhaite faire coexister les exigences de l'économie et de la justice sociale. En ce sens, on peut dire que la vie politique française s'est normalisée. En découvrant l'importance du droit et de la gestion, la politique française s'est rapprochée du modèle anglo-saxon en vigueur dans beaucoup de pays occidentaux.

Manifestation pour le soutien de l'école publique, à Paris, janvier 1994.

Manifestation pour la défense de l'emploi à Nantes, mars 1994.

Les syndicats

Le syndicalisme français a connu à la fin du dix-neuvième siècle une forte influence révolutionnaire. Cela a entraîné trois conséquences importantes : une politisation plus grande, des militants moins nombreux et, en définitive, une puissance moindre que celle d'autres syndicats européens. En théorie, depuis la « Charte d'Amiens » (1906), les syndicats français sont indépendants de toutes les familles politiques. La réalité est plus complexe.

Il existe trois grands syndicats de salariés en France. Leurs divisions viennent d'oppositions politiques historiques et de positions différentes sur la manière de conduire l'action syndicale.

• La Confédération générale du travail (CGT) est à la fois la centrale syndicale la plus ancienne (1895), la plus à gauche sur le plan politique, et la plus puissante, surtout dans l'industrie. Elle revendique 850 000 adhérents.

• Force ouvrière (CGT-FO), créée en 1947, représente un syndicalisme réformiste et indépendant de toute influence politique directe. Cette centrale syndicale qui regroupe environ 450 000 adhérents est bien représentée chez les fonctionnaires.

• La Confédération française démocratique du travail (CFDT), qui date de 1964, compte environ 500 000 adhérents. Ce syndicat, longtemps proche des socialistes, a, semble-t-il, pris ses distances avec le PS lorsqu'il était au pouvoir.

Il faut ajouter à ces trois syndicats plusieurs groupements professionnels dont l'influence politique indirecte est évidente : plutôt à gauche, la Fédération de l'Éducation nationale (FEN) et, plutôt à droite, la Confédération générale des cadres (CGC), la Fédération des syndicats d'exploitants agricoles (FNSEA), le Conseil national du patronat français (CNPF).

En France, les rapports entre l'action syndicale et l'action politique sont assez étroits. Les syndicats prennent souvent position sur des questions extra-professionnelles (transport, santé, logement...).

Les syndicats français de salariés sont actuellement en déclin. Depuis quinze ans, leurs effectifs sont en chute constante. Aujourd'hui, pas plus de 10 % des salariés français sont syndiqués.

Ce déclin a plusieurs causes : méfiance des salariés vis-à-vis d'une trop grande politisation des organisations syndicales, effet de la crise économique, retour à l'individualisme comme valeur culturelle.

Aussi, de plus en plus souvent, les revendications professionnelles se manifestent lors de mouvements spontanés et sont présentées aux pouvoirs publics par des « coordinations » venues de la base. Beaucoup regrettent cet affaiblissement du pouvoir des syndicats, qui désorganise la vie économique et politique, et souhaitent qu'ils puissent jouer de nouveau pleinement leur rôle.

Les groupes de pression

Il s'agit de groupes non professionnels, qui défendent des idées ou des intérêts moraux.

Les sociétés de pensée et les clubs ont un rôle directement politique. Les premiers clubs sont nés à gauche, (Club Jean Moulin, Citoyens 60...) au début de la Ve République pour échapper à l'inefficacité [1] des partis traditionnels et renouveler la pensée politique. À partir de 1965, des clubs se créent à droite (Perspectives et Réalités, Nouvelle Frontière...) et à l'extrême droite (Club de l'Horloge). Les clubs politiques constituent des groupes de réflexion, qui proposent des idées ou font pression sur les partis et le gouvernement.

---

1. Inefficacité : faiblesse.

Certains groupements non politiques, particulièrement actifs ou prestigieux influencent l'opinion publique. Le pouvoir et les partis politiques en tiennent de plus en plus compte. Les causes défendues sont diverses. On citera par exemple : la paix dans le monde, les droits de l'homme ou la lutte contre le racisme. L'un des groupements les plus anciens, la Ligue française des droits de l'homme, fondée en 1898 au moment de l'affaire Dreyfus*, a ainsi pour but de défendre les principes de liberté, d'égalité et de justice énoncés dans la Déclaration des droits de l'homme de 1789.

Des mouvements contestataires[1], plus ou moins structurés, ont été très influents au moment de la guerre d'Algérie et lors de la grande crise sociale de mai 1968. Au début des années 1970, les méthodes utilisées par certains groupes d'extrême gauche sont allées parfois jusqu'à la subversion. Mais cette illégalité est restée très limitée. La France n'a pas connu, contrairement à l'Italie, l'Espagne ou la RFA, un terrorisme et une violence organisés.

L'action humanitaire

Depuis une dizaine d'années, les mouvements caritatifs[2] et altruistes[3] se développent. À côté des organisations caritatives classiques (Secours catholique ou Secours populaire), de nouveaux mouvements veulent développer des valeurs humanistes de solidarité et d'égalité, de tolérance et de respect d'autrui.

L'abbé Pierre, l'un des pères de la charité contemporaine, est une personnalité extrêmement populaire. En 1949 il fonda l'association Emmaüs, qui construisit des

---

1. Contestataire : révolutionnaire.
2. Caritatif : charitable, qui aide.
3. Altruiste : qui s'intéresse à autrui, c'est-à-dire à l'autre.

abris provisoires pour les sans-logis [1]. Il fut par la suite élu député. Aujourd'hui, il prend régulièrement position en faveur des pauvres avec une liberté de ton et de pensée qui frappe et touche les Français.

Le mouvement SOS Racisme, créé en 1984 par Harlem Désir, a pour but de lutter contre le racisme et pour l'intégration des immigrés. Son slogan, «Touche pas à mon pote [2]», et une petite broche représentant une main tendue l'ont rendu populaire auprès des lycéens. Aujourd'hui, le mouvement connaît une crise. Il a perdu de sa spontanéité.

Les Restos du cœur (restaurants du cœur), fondés par l'humoriste Coluche en 1984, n'est pas un mouvement permanent. Il s'agit d'une mobilisation de bénévoles [3], tous les hivers, dans les grandes villes, en faveur des pauvres et des marginaux (le «quart-monde»). Des soupes populaires et des repas leur sont gratuitement servis.

C'est également en France que sont nées plusieurs organisations de médecins, aujourd'hui connues dans le monde entier, telles que Médecins du monde ou Médecins sans frontières. Elles viennent en aide à des populations victimes de guerres ou de famines, ainsi ces dernières années en Afghanistan, au Cambodge, ou en Éthiopie.

Cette mobilisation récente pour aider les défavorisés, les handicapés ou les «SDF» (c'est-à-dire «sans domicile fixe»), regroupe aussi des hommes politiques et des vedettes du spectacle. L'utilisation des médias (galas, disques, télévision) est une condition du succès de ces mouvements. Aujourd'hui, certains dénoncent les conséquences de cette médiatisation : désintérêt des pouvoirs publics, développement de la «charité-spectacle» à la place de la vraie solidarité.

---

1. Sans-logis : qui n'a pas de maison où loger, s'abriter.
2. Pote : ami, en français familier.
3. Bénévole : personne qui travaille sans recevoir de salaire.

L'abbé Pierre, l'un des pères de la charité contemporaine.

Les intellectuels

Les intellectuels français, depuis l'affaire Dreyfus, se sont toujours beaucoup intéressés à la politique. Dans les années 1950-1960, de nombreux philosophes, écrivains, chanteurs, cinéastes étaient politiquement engagés à gauche. Il s'agissait pour ces intellectuels de ne pas «désespérer Billancourt» (c'est-à-dire la classe ouvrière, représentée par les salariés des usines Renault, longtemps installées à Billancourt, près de Paris). Aujourd'hui, l'engagement politique et le militantisme (souvent au sein du parti communiste, «le Parti») sont passés de mode. Les grands idéaux communistes ou libertaires qui ont passionné toute une génération, derrière le philosophe Jean-Paul Sartre, ont perdu leur pouvoir de séduction. Depuis quinze ans, les intellectuels français ont ouvert les yeux sur le danger des utopies* politiques.

Mais beaucoup d'intellectuels de sensibilité « progressiste » gardent toujours un rôle critique vis-à-vis du pouvoir ou des institutions. Certains se mobilisent pour de grandes causes humanitaires internationales (la famine, l'écologie, les minorités opprimées, les droits de l'homme, etc.). D'autres dénoncent les menaces totalitaires de toute nature.

L'INFORMATION POLITIQUE : LE RÔLE DES MÉDIAS

La presse

La presse politique a connu une profonde évolution sous la Ve République. Traditionnellement, la presse française a toujours été moins puissante que celle des autres pays européens. Les Français lisent peu de journaux. *Le Monde*, le premier quotidien national, tire à moins de cinq cent mille exemplaires.

En quarante ans, le nombre de titres a diminué de plus de moitié. Cet effondrement s'est accompagné d'une concentration. De puissants groupes de presse et de communication se sont peu à peu constitués.

Une concentration trop grande et une dépendance vis-à-vis du pouvoir de l'argent peuvent menacer l'indépendance et la liberté de la presse. Aussi, une loi sur la presse datant de 1984 a permis de surveiller les rachats et les restructurations sauvages. Par ailleurs, certains journaux, *Libération*, *le Monde* ou *le Canard enchaîné* s'efforcent de maintenir leur indépendance et leur liberté grâce à des statuts internes protecteurs. Enfin, l'État aide la presse politique sous forme d'aides économiques.

De grands titres, comme *le Figaro*, *le Quotidien de Paris*, plus récemment *Libération*, et surtout *le Monde*, continuent d'influencer la vie politique. *Le Monde* est considéré comme un modèle en matière d'information politique par le sérieux de son information et de ses analyses. C'est un lieu de dialogue du milieu politique avec lui-même. L'hebdomadaire satirique [1] de gauche, le Canard enchaîné, souvent bien informé, dénonce régulièrement des scandales de toutes sortes. Il est d'autant plus craint par les hommes de pouvoir qu'il peut tirer à plus de huit cent mille exemplaires à l'occasion d'un événement ou d'une affaire.

La presse régionale (Ouest-France, la Dépêche du Midi, etc.) a un rôle politique important. Plus proche des préoccupations quotidiennes des Français que la presse nationale, elle est très lue par le citoyen de base. Mais aujourd'hui, la masse de l'opinion est surtout influencée par les médias audiovisuels.

L'audiovisuel

C'est sous la Ve République que la télévision s'est massivement imposée en France. Le général de Gaulle a été l'un des premiers à saisir l'importance de ce nouveau média et à prendre l'habitude de s'adresser directement aux Français par son intermédiaire. Ses successeurs l'ont tous imité. Cette relation directe est positive parce qu'elle a simplifié la circulation du message présidentiel. Elle a toutefois longtemps eu une conséquence négative : le contrôle politique plus ou moins direct de la télévision par le gouvernement.

Ce n'est que très progressivement que le pouvoir politique a renoncé à son contrôle sur l'audiovisuel. Depuis une loi de 1982 sur la «communication audiovisuelle», l'État (le service public) n'a plus le monopole, c'est-à-dire l'exclusivité, de l'information. Les radios «pirates» qui diffusaient sur la bande FM, sans autorisation, ont désormais une existence légale. En 1986, la première

---

1. Satirique : qui traite les informations de manière comique, avec humour.

Le Monde

LE FIGARO

L'AURORE
ÉDITION
DE PARIS
PRIX : 6,00 FRANCS

JANVIER 1994 (N° 15 366)

Samedi 15 et dimanche 16 janvier 1994   N° 15353

Aujourd'hui
3^F50

EDITION DE PARIS

le Parisien
4^50F
49° année - N° 15353

6 F ● SAMEDI 15 ET DIMANCHE 16 JANVIER 1994
PSG-OM : UN NUL QUI MAINTIENT LE SUSPEN

Libération

InfoMatin
MERCREDI 12 JANVIER 1994. 1, place Hubert-Beuve-Méry, 94851 Ivry-sur-Seine.

L'Abbé Pierre
photographe
■ Découvrez en avant-pre-
mière les images prises par
le fondateur d'Emmaüs

**Quelques titres de quotidiens français. Certains
comme *le Figaro, le Monde, Libération*, influencent la vie politique.**

chaîne de télévision, TF1, a été privatisée et de nouvelles chaînes de télévision sont apparues.

Ce développement permet d'accroître la diversité de l'information, donc le pluralisme et la démocratie. Certains théoriciens de la communication prétendent néanmoins que «trop d'information tue l'information». Par ailleurs, comme pour la presse écrite, le danger existe aujourd'hui d'un nouveau contrôle, cette fois par l'argent et par le taux d'écoute (audimat).

Les journaux télévisés ont un rôle informatif. En France, le grand moment de la journée, ce sont les informations de 20 heures : «le Journal de 20 heures». Chaque jour, des millions de Français se mettent à table au moment précis où commence le «Journal». De leur côté, les hommes politiques prennent l'habitude de faire leurs déclarations avant 19 heures, pour être sûrs de passer «au 20 heures» ! La télévision est devenue, sous la Ve République, un média obligatoire pour présenter ses idées politiques. La radio joue aussi un rôle politique privilégié, du fait des nombreux bulletins d'information et des émissions politiques qu'elle diffuse. Une radio d'information continue, créée en 1989, France Info, connaît un succès grandissant.

À côté de l'information politique, les programmes traitant la politique de façon humoristique ont beaucoup de succès. Ainsi l'émission «Les guignols de l'Info» sur la chaîne Canal +. Une autre émission célèbre, le «Bébête show», présente les principaux leaders politiques sous la forme de marionnettes caricaturales qui représentent généralement un animal. Le président de la République est figuré en grenouille vaniteuse surnommée «Dieu». Tous les leaders souhaitent secrètement appartenir au petit cercle des personnages du «Bébête show». Avec le développement de la «politique spectacle», l'essentiel est de faire parler de soi. Le pire est d'être oublié.

Une expression est à la mode aujourd'hui : la « politique spectacle ». Qu'est-ce que cela signifie ? Tous les hommes politiques, à droite comme à gauche, ont appris à se servir de la télévision et veulent y avoir accès. Beaucoup sont devenus de véritables comédiens. Dans ces conditions, les risques de vulgarité, de farce ou de bluff sont de plus en plus importants.

Plusieurs émissions politiques récentes copient la télévision américaine et recherchent systématiquement le scandale ou le sensationnel grâce à des mises en scène tantôt comiques, tantôt dramatiques. On organise l'affrontement. Le débat de fond est ainsi volontairement sacrifié au profit du spectacle qui favorise le taux d'écoute.

L'intensité dramatique maximale est atteinte lors du débat télévisé qui oppose traditionnellement les deux candidats s'affrontant au deuxième tour de l'élection présidentielle. C'est un des moments les plus forts de la vie politique française. Lors de ces duels, l'enjeu politique est considérable. Le résultat d'une élection peut en dépendre. Tous les coups sont permis et les débatteurs subissent une pression maximum. À la fin du débat, les médias analysent chaque mot et geste, et proclament généralement un vainqueur. Valéry Giscard d'Estaing et François Mitterrand en 1974, puis en 1981, ou encore François Mitterrand et Jacques Chirac en 1988, se sont ainsi affrontés au cours de face-à-face suivis par la France entière.

À cette occasion, quelques petites phrases sont restées célèbres.

• Valéry Giscard d'Estaing à François Mitterrand (lors du débat présidentiel de 1974) :

– « Vous n'avez pas le monopole du cœur. »

– « Vous êtes le candidat du passé. »

• François Mitterrand à Valéry Giscard d'Estaing (sept ans plus tard, lors du débat présidentiel de 1981) :

– « Vous êtes le candidat du passif. » (c'est-à-dire du déficit social et économique)

Patrick Poivre d'Arvor, présentateur vedette du « Journal de 20 heures » sur TF1.

Une émission politique très regardée sur France 2 : « l'heure de vérité ». L'invité ici est François Léotard, ministre de la Défense, à gauche sur la photo.

• François Mitterrand répondant à Jacques Chirac qui
prenait la défense des animaux domestiques (débat présidentiel de 1988) :

– « Vous n'avez pas le monopole des chiens et des
chats. »

Ainsi, depuis trente ans, pour le meilleur et parfois
aussi pour le pire, la télévision a transformé la vie politique française.

Les sondages

Les sondages sont indispensables pour la bonne information des gouvernants et des gouvernés. Ils permettent de mesurer la popularité des différents leaders et
partis politiques. De plus, les sondages donnent une voix
aux groupes sociaux minoritaires. Mais la pratique des
sondages présente deux dangers principaux : risque de
voir les partis politiques gouverner en fonction des sondages, c'est-à-dire de façon démagogique, risque d'erreurs

ou de manipulation des résultats – lors des élections législatives de 1978, la plupart des sondages prévoyaient la
victoire de la gauche et c'est finalement la droite qui l'a
emporté.

Aujourd'hui, le sondage n'est plus un simple révéla-
teur des goûts ou des tendances, il peut aussi devenir
un créateur d'opinion. Une loi de 1977 a permis de régler
les abus les plus graves. Elle établit un contrôle de la
technique des sondages et interdit la publication de tout
sondage dans la semaine précédant une consultation
électorale.

Les sondages sont aussi utiles pour connaître les sentiments des Français vis-à-vis des institutions, des partis ou de la politique en général. Au-delà de la « politique
spectacle », les souhaits réels des citoyens et les vrais
enjeux à venir sont révélés.

LES TRANSFORMATIONS RÉCENTES DE LA POLITIQUE FRANÇAISE

On entend beaucoup parler ces derniers temps d'une
crise de la politique. Ce jugement doit être précisé et
nuancé. En réalité la vie politique française semble tou-
chée par une double transformation : une évolution idéologique et une crise de confiance.

Les idées et les programmes politiques ont connu de
profonds bouleversements depuis une dizaine d'années.

À gauche, le modèle du socialisme collectiviste est mort
avec la disparition de l'Union soviétique. Plus généralement, toutes les formes d'utopie révolutionnaire sont
actuellement jugées avec méfiance. De nombreux citoyens,
sympathisants ou militants se sentent amers ou trahis.
Les plus déçus se désengagent de la vie politique.

À droite, le modèle capitaliste (libéral ou social-démocrate) des démocraties occidentales est toujours une réfé-
rence acceptable ; mais il n'échappe pas à la critique.

On s'interroge sur ses imperfections, ou même sur ses fondements.

À côté des programmes politiques traditionnels, des valeurs telles que l'écologie, la société civile ou la solidarité prennent une nouvelle importance.

Dans cette mesure, on peut parler d'une crise morale de la démocratie occidentale en général et française en particulier. En effet, la France n'a pas de tradition anglo-saxonne de pragmatisme* ou de réalisme politique. Les Français, plutôt attirés par l'idéalisme et l'esprit de système, sont peut-être moins préparés que leurs voisins à notre époque de doute, de désenchantement politique et de « déclin (temporaire ?) des idéologies ».

Des sondages récents ont montré un manque de confiance des Français pour l'univers politique. Les « affaires » qui se sont développées ces dernières années ont donné une image négative de la politique.

Lors des élections législatives de 1993, les électeurs ont sévèrement sanctionné une majorité usée par dix ans de pouvoir. En ce qui concerne la forme du discours politique, les excès de la « langue de bois », de la « politique politicienne » ou plus récemment de la « politique spectacle », détournent des Français, et notamment les jeunes générations, du monde politique. Celui-ci a incontestablement perdu de son prestige. Certains hommes politiques ont pris conscience des dangers de ce rejet.

Réhabiliter la politique

Depuis quelques années, des hommes politiques, de droite comme de gauche, tentent de réagir contre la dégradation progressive de l'image de la politique. Ils souhaitent que la fonction d'élu et que la politique en général soient mieux comprises. Leur but est d'éviter, en particulier, un glissement de l'électorat vers les partis extrémistes ou vers l'abstention.

Pour cela, beaucoup considèrent qu'un effort d'éducation et de pédagogie civique est nécessaire. Il leur semble important d'enseigner aux jeunes et aux futures élites le sens des valeurs républicaines ou de la démocratie.

La réhabilitation [1] de la politique passe aussi par une modification du discours politique et une meilleure écoute des citoyens et de leurs problèmes quotidiens. Le «parler vrai», l'absence de démagogie, le retrait de la scène médiatique, le silence parfois sont certainement de bons moyens de redonner confiance aux citoyens.

C'est cette voie que tentent aujourd'hui de suivre certains leaders de droite comme Raymond Barre, ou de gauche comme Jacques Delors. Mais elle est difficile, et pas nécessairement populaire. Sauront-ils persévérer ?

Réformer les institutions ?

Depuis 1958, la Constitution a été modifiée à six reprises, en particulier en 1962 avec l'élection du Président de la République au suffrage universel. Mais la plupart des réformes n'ont été que des adaptations techniques, sans portée politique. Des modifications plus profondes sont-elles souhaitables ?

Nombreux sont ceux qui reprochent à nos institutions et à la pratique constitutionnelle, depuis trente ans, d'avoir réduit le rôle du Parlement, et par conséquent des citoyens.

Certains sont favorables à une «présidentialisation» du régime, sur le modèle américain, qui équilibrerait les pouvoirs du Président et du Parlement. D'autres souhaitent une réduction de la durée du mandat présidentiel de sept à cinq ans et une limitation des mandats. Par ailleurs, beaucoup d'hommes politiques sont favorables à un renouveau du travail parlementaire.

---

1. Réhabilitation : le fait de redonner à la politique une bonne image.

Les Français attendent aussi des hommes politiques des réponses claires et des choix pertinents sur toute une série de problèmes d'actualité.

Parmi les polémiques politiques qui opposent les Français, trois questions importantes sont régulièrement au premier plan de l'actualité : la construction européenne, la crise de « l'État providence », l'immigration.

La question de l'Europe

La nécessité de la construction européenne n'a pas totalement convaincu les Français. Aucun parti politique ne s'y oppose directement mais plusieurs leaders dénoncent régulièrement les risques de perte de souveraineté nationale ou encore la bureaucratie européenne.

Lors du référendum du 20 septembre 1993, les électeurs français n'ont ratifié [1] les accords de Maastricht sur l'acte unique européen qu'à une très faible majorité (51 % des suffrages). Or, d'ici la fin du siècle, un choix politique fondamental va se poser à l'ensemble des pays membres de la Communauté européenne et donc à la France : ou bien construire une Europe politique de type fédéral ou bien se contenter d'une Europe économique, constituée d'une juxtaposition d'États.

La décision finale sera difficile à prendre pour les Français qui sont traditionnellement individualistes et jaloux de leur indépendance.

La crise du service public

Les grands services publics connaissent une crise depuis plusieurs années. L'État rencontre un grave problème de financement des dépenses de santé, de retraite et de chômage. Celles-ci augmentent chaque année plus rapidement que le produit intérieur brut (c'est-à-dire les richesses produites par le pays).

---

1 Ratifier : signer.

Pour régler ces difficultés, certains hommes politiques, généralement de droite, pensent qu'il faut abandonner les solutions de « l'État providence » (l'État qui prend tout en charge). Ils proposent d'appliquer une politique libérale, limitant la prise en charge par l'État des dépenses de sécurité sociale, et développant les recours aux assurances ou aux mutuelles personnelles et privées.

Les syndicats et les partis de gauche sont en général opposés à de telles solutions et veulent défendre ce qu'ils considèrent comme des acquis [1] sociaux. L'opinion publique est partagée.

L'immigration

Ce problème divise régulièrement la classe politique française. L'opposition droite-gauche garde ici sa signification. Tous les partis sont favorables à une limitation stricte de l'immigration et à un contrôle sévère des frontières mais ils s'opposent sur les moyens à utiliser. D'une façon générale, les partis de droite sont partisans du renvoi dans leur pays d'origine des émigrés clandestins ou en situation irrégulière et de l'utilisation de procédures [2] rapides. Les partis de gauche insistent, eux, sur le respect des droits de l'homme et les garanties judiciaires.

Le problème de l'immigration entraîne, surtout en période électorale, des polémiques passionnées. Les sentiments xénophobes [3], voire racistes, d'une partie de la population sont régulièrement utilisés à des fins électorales, notamment par l'extrême droite.

On retrouve la même opposition à propos des questions d'attribution de la nationalité française et du droit d'asile*. L'enjeu est fondamental. En définitive, les débats sur l'immigration ou la nationalité posent la question de

---

1. Acquis : ce qu'on a conquis après une lutte.
2. Procédure : manière de traiter une affaire dans le respect du droit.
3. Xénophobe : qui n'aime pas les étrangers.

la nature exacte de la nation française. En effet, la France a depuis longtemps la réputation d'être une terre d'accueil. L'intégration des dernières vagues d'immigrants semble plus difficile que par le passé.

La classe politique française fait face aujourd'hui à ces problèmes importants. Saura-t-elle réagir et répondre aux aspirations nouvelles et parfois contradictoires des Français ? Ceux-ci sauront-ils oublier leurs querelles et préparer l'avenir ?

En trente-quatre ans d'existence, la souplesse et l'équilibre des institutions de la Ve République ont permis aux Français de surmonter plusieurs crises. Les Français sont bien connus pour leur nature querelleuse. Ce trait de caractère a historiquement marqué la vie politique nationale. Après tout, le manque de goût des Français pour le consensus est peut-être un signe de vitalité et de bonne santé politique.

Les grandes étapes de la Ve République
(1958-1994)

LES « ANNÉES DE GAULLE » : 1958-1969

Les débuts de la Vᵉ République (1958-1962)

– *28 septembre 1958 :* Adoption de la nouvelle Constitution par référendum.

– *23-30 novembre 1958 :* Élections législatives. C'est un succès pour le parti créé le 1ᵉʳ octobre 1958 par le général de Gaulle, l'Union pour la nouvelle République (UNR).

– *21 décembre 1958 :* Le général de Gaulle est élu président de la République et désigne Michel Debré comme Premier ministre.

– *8 janvier 1961 :* Référendum sur la politique d'autodétermination de l'Algérie. 75 % des votants pour le « oui » en Métropole, 65 % en Algérie.

– *Nuit du 21 au 22 avril 1961 :* Quatre généraux organisent un putsch pour « sauver l'Algérie française ». Le coup de force échoue de peu.

– *7-18 mars 1962 :* Négociations finales sur l'indépendance de l'Algérie, à Évian.

– *8 avril 1962 :* Référendum sur l'indépendance de l'Algérie. Il est approuvé par une énorme majorité de Français. Tous les partis ont recommandé le « oui » sauf l'extrême droite.

– *8 octobre 1962 :* L'Algérie est admise à l'ONU. La guerre d'Algérie, qui a duré huit ans, dont quatre sous la Vᵉ République, est terminée. À partir de 1960, l'ensemble des anciennes colonies d'Afrique noire accède à l'indépendance. Ici, contrairement à l'Algérie, la transition se fera sans violence.

La politique gaulliste (1962-1969)

– *22 août 1962 :* Tentative d'assassinat du chef de l'État par des partisans déçus de l'Algérie française au Petit Clamart. L'attentat échoue de peu.

– *14 avril 1962 :* Remplacement de Michel Debré par Georges Pompidou (non parlementaire) au poste de Premier ministre.

– *28 octobre 1962 :* Le référendum relatif à l'élection du président de la République au suffrage universel recueille 62 % de oui.

– *18 et 25 novembre 1962 :* Élections législatives. Elles confirment la force du parti gaulliste qui fait élire deux cent trente-trois députés.

L'élection présidentielle de 1965 constitue une charnière : elle sera la première au suffrage universel. La télévision et les sondages sont les nouveaux éléments de la campagne.

– *5-19 décembre 1965 :* Au premier tour le général de Gaulle, président sortant, est mis en ballottage. Il l'emporte au deuxième tour avec 54,5 % des voix contre 45,5 % au candidat unique de la gauche, François Mitterrand. Ce demi-échec est considéré comme un avertissement.

– *5-12 mai 1967 :* Élections législatives. Les gaullistes et les républicains indépendants (nouveau parti créé par Valéry Giscard d'Estaing en 1962) ne conservent la majorité que d'extrême justesse.

La fin de la présidence du général de Gaulle (1968-1969)

En mai 1968 se produit une triple crise : étudiante, sociale, politique.

La période d'agitation sociale et politique de mai 1968 commence par une protestation d'étudiants mécontents, à l'université de Nanterre.

Elle se transporte ensuite au Quartier latin à Paris. L'affrontement entre les étudiants et les forces de police est violent.

Des barricades sont dressées, des slogans anarchistes sont inventés tels que : « CRS-SS », « Sous les pavés la plage », « Il est interdit d'interdire ». Ils sont restés célèbres.

Le lundi 13 mai, les syndicats se joignent aux étudiants. Un mouvement de grève générale gagne dix millions de salariés dans tous les secteurs d'activité du pays. La crise devient alors politique. Le gouvernement est impuissant et le pouvoir semble inexistant. Le 30 mai, dans un discours radiodiffusé, le chef de l'État annonce la dissolution de l'Assemblée nationale. Il appelle à l'action civique pour défendre la République. Le soir, une énorme manifestation gaulliste défile sur les Champs-Élysées. L'opinion publique, inquiète, et lassée par trop de violence, est retournée. « Mai 68 » est terminé. Des élections législatives ont lieu en juin. La gauche perd plus de cent sièges qui vont aux gaullistes.

Après dix ans de pouvoir, le général de Gaulle veut compléter la transformation des institutions et retrouver une nouvelle légitimité auprès des électeurs. Il met en jeu son mandat présidentiel lors d'un référendum dont l'objet est plus technique que politique. Le « non » l'emporte avec 53 % des suffrages contre 47 % pour le « oui ». Le 27 avril 1969, à l'annonce des résultats, le général de Gaulle annonce sa démission.

La politique extérieure du général de Gaulle

Le général de Gaulle a l'ambition de faire de la France une nation indépendante et une puissance de rang mondial.

En ce qui concerne l'Europe, il développe les relations franco-allemandes, grâce aux bons rapports qu'il entretient avec le Chancelier Adenauer. Mais le chef de l'État est hostile à une Europe intégrée et supranationale.

S'agissant de la politique militaire, le général de Gaulle refuse une intégration à l'OTAN*, synonyme, pour lui, de subordination aux États-Unis. Il développe une défense fondée sur une force de dissuasion nucléaire nationale.

Avec les pays communistes, le réalisme domine. La condamnation politique n'empêche pas les échanges diplomatiques et économiques. Avec le tiers-monde, la fin de la guerre d'Algérie permet de présenter l'image d'une France libérale, pacifique et non alignée.

LE QUINQUENNAT DE GEORGES POMPIDOU (1969-1974)

– *1er-15 juin 1969 :* Élection présidentielle. Au second tour, deux candidats de droite, Georges Pompidou et Alain Poher s'opposent. C'est « bonnet blanc et blanc bonnet » diront les communistes. Le premier l'emporte finalement avec 57,6 % des voix.

– *21 juin 1969 :* Jacques Chaban-Delmas est nommé Premier ministre.

– *16 septembre 1969 :* Le Premier ministre annonce son intention de construire une « nouvelle société, prospère, jeune, généreuse et libérée ».

– *9 novembre 1970 :* Mort du général de Gaulle.

– *16 juin 1971* : François Mitterrand est élu premier secrétaire du parti socialiste au Congrès d'Épinay.

– *26 juin 1972* : Les socialistes et les communistes signent un « programme commun de gouvernement ».

– *5 juillet 1972* : Pierre Messmer est nommé Premier ministre.

– *4-11 mars 1973* : Élections législatives. Les partis de droite reculent mais gardent la majorité.

– *2 avril 1974* : Mort de Georges Pompidou. Les dix-huit derniers mois de la présidence de Georges Pompidou ont été difficiles, marqués par des rumeurs sur la grave maladie dont le Président était atteint.

La politique extérieure de Georges Pompidou

Elle est caractérisée par la détente avec les États-Unis et par la relance de la construction européenne.

LE SEPTENNAT DE VALÉRY GISCARD D'ESTAING : 1974-1981

– *5-19 mai 1974* : Élections présidentielles. Le second tour oppose Valéry Giscard d'Estaing à François Mitterrand. Le candidat de droite est élu avec 50,8 % des voix.

– *27 mai 1974* : Jacques Chirac est nommé Premier ministre. Très vite ses relations avec le Président se dégradent. Jacques Chirac démissionne en juillet 1976. Il sera remplacé par Raymond Barre.

– *Septembre 1977* : Rupture entre les socialistes et les communistes qui abandonnent le « programme commun ».

– *12 et 19 mars 1978* : Élections législatives. Les sondages et l'opinion prévoyaient une victoire de la gauche. Toutefois, ses divisions permettent à la droite de garder la majorité de justesse.

Les élections présidentielles de 1981

– 26 avril 1981 : Premier tour de l'élection présidentielle. Le candidat socialiste François Mitterrand, qui
appelle au « rassemblement populaire pour le redresse-
ment », adopte comme slogan « la force tranquille ».

La campagne est rude. Les attaques personnelles se
multiplient de part et d'autre. Il s'agit de la première
alternance politique depuis l'adoption de la nouvelle
Constitution vingt-trois ans plus tôt. Il y a ballottage au
premier tour entre Valéry Giscard d'Estaing et François
Mitterrand. Jacques Chirac n'apporte qu'un soutien
timide au président sortant, ce qui entraînera l'échec de
ce dernier.

– 10 mai 1981 : Second tour de l'élection présidentielle.

Le candidat de la gauche l'emporte avec 51,76 % des
voix contre 48,24 % à son adversaire.

Pour la première fois de l'histoire de la France
moderne, un président de gauche est élu. À Paris, les
partisans de François Mitterrand manifestent leur joie
place de la Bastille jusque tard dans la nuit. La question
est de savoir si les institutions de la Ve République vont
permettre l'alternance politique.

La politique extérieure de Valéry Giscard d'Estaing

L'axe « Paris-Bonn » devient le moteur de la construction européenne. Les relations franco-soviétiques sont
excellentes. Les relations avec l'Afrique se développent.

LE PREMIER MANDAT DE FRANÇOIS MITTERRAND : 1981-1988

Le socialisme « orthodoxe » (1981-1986)

– *14 et 21 juin 1981 :* Élections législatives à la suite de la dissolution de l'Assemblée nationale par le nouveau Président.

Le parti socialiste obtient la majorité absolue des sièges. Les observateurs parlent de raz de marée socialiste.

– *23 juin 1981 :* Pierre Mauroy est nommé Premier ministre. Il forme un gouvernement avec la participation de quatre ministres communistes (pour la première fois depuis 1947). Le parlement vote l'abolition de la peine de mort, les lois de décentralisation, et la nationalisation de plusieurs groupes industriels.

– *17 juin 1984 :* Élection des représentants à l'Assemblée européenne. Les abstentions progressent, la gauche recule, le Front national fait une percée remarquée avec 11 % des voix.

– *17 juillet 1984 :* Démission de Pierre Mauroy. Il est remplacé par Laurent Fabius qui, à trente-cinq ans, devient le plus jeune Premier ministre français. Le parti communiste quitte le gouvernement. L'Union de la gauche cesse officiellement d'exister.

La première cohabitation (1986-1988)

– *16 mars 1986 :* Élections législatives. Pour la première fois sous la Ve République, elles ont lieu au scrutin proportionnel. C'est-à-dire que chaque parti a un nombre de députés directement proportionnel à ses voix, l'élection se déroulant sur un seul tour. L'opposition RPR-UDF se présente unie. Elle obtient la majorité absolue.

– *20 mars 1986 :* Conséquence de la victoire de la droite, Laurent Fabius démissionne. Jacques Chirac est nommé Premier ministre par le Président François Mitterrand.

Le nouveau gouvernement prend des mesures immédiates en matière d'économie (programme de privatisation), de sécurité publique, d'information.

LE SECOND MANDAT DE FRANÇOIS MITTERRAND : 1988-1995

– *24 avril-8 mai 1988 :* Élections présidentielles. Le Président sortant crée un effet de surprise réussi en n'annonçant sa candidature qu'au dernier moment.

Il existe des divisions évidentes, à droite comme à gauche. François Mitterrand et Jacques Chirac arrivent en tête au terme du premier tour. Pour la première fois, les deux plus hauts personnages de l'État, en exercice, s'opposent. Après une campagne moins passionnée qu'en 1981, le premier l'emporte sur le second avec 54 % des voix.

– *5 et 12 juin 1988 :* Élections législatives à la suite d'une nouvelle dissolution de l'Assemblée nationale. L'opinion publique est très divisée. À la surprise générale, le parti socialiste ne dispose que d'une majorité parlementaire relative*. Michel Rocard est nommé Premier ministre.

Les gouvernements socialistes (1988-1993)

• **Le gouvernement Rocard**

– *10 mai 1989 :* Élection des représentants à l'Assemblée européenne. Il y a 52 % d'abstentions. La liste unie RPR-UDF arrive en tête. Les Verts entrent au Parlement européen.

– *15-18 mars 1990 :* Le congrès du parti socialiste se réunit à Rennes. Les différents courants du parti n'arrivent pas à s'entendre. Ces désaccords ouverts ont un effet très négatif sur l'opinion publique.

• **Le gouvernement Cresson**

– *15 mai 1991 :* Démission de Michel Rocard à la demande de François Mitterrand. Il est remplacé par

Édith Cresson, qui est la première femme à occuper ce poste.

– *22 mai 1991 :* Déclaration de politique générale d'Édith Cresson devant les députés. La déclaration est mal accueillie par la classe politique et par la presse qui critiquent l'absence de perspectives d'ensemble et de propositions concrètes nouvelles.

– *22-29 mars 1992 :* Élections cantonales et régionales. Aux élections régionales, le PS ne recueille que 18,3 % des voix. Sur vingt-six régions, il n'en conserve qu'une. Les élections cantonales confirment ce déclin. L'opposition est à la tête de soixante-quinze départements sur quatre-vingt-dix-neuf. Mais, en termes de voix, elle ne profite pas de l'échec très sévère de la gauche.

• **Le gouvernement Bérégovoy**

– *2 avril 1992 :* Pierre Bérégovoy est nommé Premier ministre en remplacement d'Édith Cresson. Le nouveau Premier ministre soutient une politique de rigueur économique et financière axée sur la défense d'un franc fort. Mais l'approche des élections législatives, considérées comme perdues pour la gauche, paralyse son gouvernement.

La seconde cohabitation (1993-1995)

– *21-29 mars 1993 :* Élections législatives.

Le premier tour est marqué par une défaite historique du PS. Avec 17,4 % des voix, la majorité sortante perd plus de 17 points par rapport au premier tour de 1988.

Au second tour, la victoire de la droite se confirme, avec au premier rang le RPR, (257 députés contre 215 à l'UDF). Les écologistes (7,6 %) sont devancés par le parti communiste (9,2 %). Le Front national (12,4 %) perd le seul siège qu'il détenait dans la précédente Assemblée.

– *29 mars 1993 :* Formation du gouvernement Balladur.

François Mitterrand accepte la démission de Pierre Bérégovoy et charge Édouard Balladur de constituer le nouveau gouvernement. Une seconde cohabitation commence.

Le nouveau gouvernement compte vingt-neuf ministres. C'est une structure plutôt réduite, politiquement équilibrée (14 ministres RPR et 15 UDF) et globalement proeuropéenne.

– *3-28 avril 1993 :* Crise au parti socialiste. Une nouvelle direction présidée par Michel Rocard est chargée de préparer la rénovation du PS dans le cadre d'« États généraux ».

– *8 avril 1993 :* Déclaration de politique générale d'Édouard Balladur. Il annonce notamment des réformes en matière judiciaire et de nationalité, l'autonomie de la Banque de France et la privatisation des entreprises publiques du secteur concurrentiel.

– *1er mai 1993 :* Pierre Bérégovoy, ancien Premier ministre, met fin à ses jours. Cet acte soulève une grande émotion dans le pays.

– *19 juillet 1993 :* Réforme des articles de la Constitution relatifs à la Haute Cour de justice et au Conseil supérieur de la magistrature par le Congrès du Parlement réuni à Versailles.

La politique extérieure de François Mitterrand

En 1981 le candidat Mitterrand avait axé sa campagne sur l'aide au développement et sur un projet de relance de l'économie mondiale (discours de Cancun en août 1981). Mais progressivement sa politique extérieure s'orientera vers moins de générosité et plus de réalisme.

.../...

Le second septennat de François Mitterrand est marqué par trois événements principaux : la crise du Golfe, la construction européenne, la fin de la guerre froide.

– *17 janvier 1991 :* Le président de la République engage les troupes françaises contre l'Irak aux côtés des forces des Nations Unies. La classe politique (à l'exception des communistes et du Front national) et l'opinion publique approuvent cette décision.

– *19 au 21 novembre 1990 :* Réunion à Paris du deuxième sommet de la Conférence sur la sécurité et la coopération en Europe (CSCE). Les anciens adversaires de la guerre froide signent un traité de réduction des forces militaires en Europe.

– *9 et 10 décembre 1991 :* Sommet européen de Maastricht. Un nouveau traité communautaire renforce l'union économique et monétaire et prévoit la création, avant le 1er janvier 1999, d'une monnaie unique, l'Écu.

– *20 septembre 1992 :* Le traité de Maastricht sur l'Union européenne est approuvé par référendum. À gauche comme à droite, plusieurs personnalités sont hostiles au traité. Finalement, après une campagne passionnée, qui mobilisera 70 % d'électeurs, le « oui » l'emporte de justesse avec 51,05 % des suffrages.

– *Octobre 1993 :* Pour soutenir les programmes audiovisuels et le cinéma français, François Mitterrand défend le principe de l'exception culturelle lors de la négociation des accords du GATT.

Mots et expressions

Abstention, *f.* : phénomène de non-participation à une élection ou à un référendum.

Alliance (électorale/gouvernementale), *f.* : groupement de plusieurs partis qui s'unissent avant une élection pour avoir plus de votes (alliance électorale), ou après une victoire électorale pour gouverner ensemble (alliance gouvernementale).

Alternance, *f.* : nouvelle majorité politique succédant à une autre. Changement de gouvernement.

Autoritarisme, *m.* : vient d'autorité. Quand le pouvoir du chef de l'État est très fort et limite les libertés publiques (un régime autoritaire).

Ballottage, *m.* : résultat du premier tour du scrutin dans une élection au scrutin majoritaire, qui ne donne à aucun candidat la majorité absolue nécessaire pour être élu. Il faut alors organiser un second tour où l'élection est acquise à la majorité relative.

Citoyen, *m.* : membre de l'État considéré au point de vue de ses droits et devoirs civiques et politiques.

Collectivité territoriale, *f.* : entité administrative formée d'une partie du territoire. Chaque collectivité territoriale possède certains pouvoirs lui permettant de gouverner au plan local (par exemple : la commune, le département).

Consensus social, *m.* : entente, accord général des citoyens sur les grands objectifs sociaux et les moyens de les atteindre. Image consensuelle : image de quelqu'un qui cherche l'entente, l'accord entre tous.

Décret, *m.* : acte administratif pris soit par le président de la République soit par le Premier ministre.

Démagogique : qui a une façon hypocrite et faible de gouverner en fonction des désirs de la population et en évitant de prendre les décisions nécessaires si elles sont impopulaires.

Dictature, *f.* : régime autoritaire issu d'un coup de force.

Dissolution (droit de) : possibilité donnée à l'exécutif de mettre fin à l'existence d'une assemblée en renvoyant les parlementaires devant les électeurs (dissoudre une assemblée).

Dogmatique : qui n'est pas ouvert aux idées des autres, étroit d'esprit.

Dreyfus (affaire) : nom d'un officier juif injustement accusé d'espionnage au profit de l'Allemagne, en 1884, et condamné à la déportation. L'affaire Dreyfus divisa la France pendant plus de vingt ans. L'erreur judiciaire a finalement été reconnue en 1906.

Droit d'asile, *m.* : le fait d'offrir à une personne poursuivie un lieu où elle ne risque rien.

Élite (sociale), *f.* : groupe de personnes possédant le pouvoir (politique, économique ou culturel) et dirigeant, de facto, un pays.

Incapacité électorale, *f.* : impossibilité pour une pesonne d'exercer ses droits civiques et politiques, généralement à la suite d'une condamnation judiciaire.

Légitimité, *f.* : ce qui est considéré comme légal, en accord avec le droit, l'équité.

Majorité, *f.* : groupement de voix qui l'emporte dans un vote.
Majorité absolue : la moitié plus un des suffrages exprimés.
Majorité relative : nombre de voix supérieur aux autres résultats mais inférieur à la majorité absolue.

Mandat (politique), *m.* : acte par lequel une personne (le citoyen électeur) confie à une autre (l'élu politique) la mission de la représenter. Par extension, le poste auquel a été élu le candidat.

Médias, *m. pl.* : ensemble des sources d'information, c'est-à-dire principalement les journaux, la radio, la télévision.

Militant, *m. :* membre actif d'une organisation politique ou syndicale.

Minorité, *f.* : le petit nombre d'une assemblée par opposition à la majorité.

Notable, *m.* : qui a plusieurs mandats à la fois (député-maire par ex.)

Opportuniste : personne ambitieuse qui modifie ses opinions et ses actes en fonction des circonstances pour mieux atteindre son but.

OTAN : Organisation du traité de l'Atlantique Nord, accord entre les pays d'Europe de l'Ouest et les États-Unis pour une défense commune.

Parti (politique), *m.* : groupement, union de personnes qui s'entendent sur un programme et dont le but est d'arriver au pouvoir, généralement en présentant des candidats lors des élections.

Partisan, *m.* : personne dévouée à quelqu'un, à un parti, à une institution, à une doctrine.

Polémique, *f.* : débat, discussion entraînant des oppositions et des échanges agressifs.

Pragmatique : personne qui s'adapte et qui privilégie la pratique plutôt que la théorie.

Putsch, *m.* : soulèvement, coup de force d'un groupe politique armé en vue de prendre le pouvoir.

Récession, *f.* : crise économique.

Scrutin, *m.* : ensemble des opérations électorales.
Scrutin majoritaire : scrutin dans lequel le candidat ou la liste de candidats qui obtient la majorité des suffrages est élu ; il peut y avoir un ou deux tours
Scrutin proportionnel : scrutin à un tour attribuant aux listes en présence un nombre de sièges proportionnel au nombre de suffrages qu'elles ont recueillis.

Séance, *f.* : action de prendre place dans une assemblée réunie pour délibérer.

Session, *f.* : période de temps pendant laquelle se réunit une assemblée.

Société civile, *f.* : par opposition au monde politique, l'ensemble des citoyens d'une nation qui n'ont pas de pouvoirs particuliers.

Stratège (politique), *m.* : homme politique intelligent capable de faire des plans à long terme.

Suffrage, *m.* : acte par lequel l'électeur exprime son opinion.

Suffrage direct : système dans lequel les électeurs désignent directement leurs représentants (par exemple les députés).

Suffrage indirect : système dans lequel les candidats sont élus par des représentants des citoyens (par exemple les sénateurs).

Suffrage universel : ouvert à tous les citoyens sous certaines conditions minimales (âge, nationalité, droits civiques).

Technocrate, technocratique : qui connaît le fonctionnement des choses sans s'intéresser aux gens.

Usure du pouvoir, *f.* : état d'hostilité, de lassitude ou d'indifférence des citoyens à l'égard d'un gouvernement ou d'un homme politique, au pouvoir depuis trop longtemps (usé par le pouvoir).

Utopie, *f.* : système ou plan, souvent généreux, mais d'une réalisation impossible.

TITRES PARUS OU À PARAÎTRE

Série Vivre en français

Niveau 1 : La Cuisine française ; Le Tour de France.

Niveau 2 : La Grande Histoire de la petite 2 CV ; La Chanson française ; Paris ; La Bourgogne*.

Niveau 3 : Abbayes et cathédrales de France ; Versailles sous Louis XIV* ; La Vie politiquefrançaise* ; Le Cinéma français*.

Série Grandes œuvres

Niveau 1 : Carmen, *P. Mérimée* ; Contes de Perrault.

Niveau 2 : Lettres de mon moulin, *A. Daudet* ; Le Comte de Monte-Cristo, *A. Dumas*, tome I ; Le Comte de Monte-Cristo, *A. Dumas*, tome II ; Les Aventures d'Arsène Lupin, *M. Leblanc* ; Poil de Carotte, *J. Renard* ; Notre-Dame de Paris, *V. Hugo*, tome I ; Notre-Dame de Paris, *V. Hugo*, tome II ; Germinal, *É. Zola* ; Tristan et Iseult* ; Cyrano de Bergerac*, *E. Rostand*.

Niveau 3 : Tartuffe, *Molière* ; Au Bonheur des Dames, *É. Zola* ; Bel-Ami, *G. de Maupassant*.

Série Portraits

Niveau 1 : Victor Hugo ; Alain Prost* ; Vincent Van Gogh*.

Niveau 2 : Colette ; Les Navigateurs français.

Niveau 3 : Coco Chanel ; Gérard Depardieu ; Albert Camus*.

* Titres à paraître en 1994.

Deux dossiers de l'enseignant sont parus (un pour 12 titres).

Imprimé en France par I.M.E. - 25110 Baume-les-Dames
Dépôt légal 1571-06/1994 - Collection n° 04 - Edition n° 01
15/4947/6